潤德堂叢書全編 ⑤

中西相人探原

[清] 袁树珊◎撰
谢路军◎主编
郑同◎校

华龄出版社
HUALING PRESS

责任编辑：薛　治
责任印制：李未圻

图书在版编目（CIP）数据
润德堂丛书全编．5 /（清）袁树珊撰．
—北京：华龄出版社，2018.10
ISBN 978-7-5169-1300-0
Ⅰ．①润…　Ⅱ．①袁…　Ⅲ．①袁树珊—文集
Ⅳ．①Z424.9
中国版本图书馆 CIP 数据核字（2018）第 242245 号

书　　名：润德堂丛书全编．5
作　　者：（清）袁树珊 撰

出版发行：华龄出版社
地　　址：北京市东城区安定门外大街甲 57 号　　邮　　编：100011
电　　话：（010）58122246　　传　　真：（010）84049572
网　　址：http://www.hualingpress.com

印　　刷：九洲财鑫印刷有限公司
版　　次：2019 年 1 月第 1 版　2021 年 11 月第 2 次印刷
开　　本：720×1020　1/16　　印　　张：18
字　　数：273 千字　　印　　数：6001～9000
定　　价：38.00 元

卷首

厉序

丹徒袁树珊先生《润德堂丛书》，其以“探原”名者，若《命理探原》、《六壬探原》、《选吉探原》，早已家弦户诵，不胫而走矣。近岁复著有《中西相人探原》上下卷，取历年部位，一一考核，附以杂论，详言气色声音及掌纹妇幼吉凶，为上卷。其下卷则列《人伦大统赋》、《冰鉴注》及《西洋相人术》、《手相学》，而以《相征丛谈》殿焉。其融通中外，以适应时势，固当为有目者所共赏；而吾尤爱先生权衡在胸，折衷至当之微旨，其识解又高于流俗一筹焉。余性喜博览，于相人之书，若《麻衣》、《柳庄》、《铁关刀》之类，凡坊间之所售者，固尝涉猎殆遍。近于京江中学，识一刘女士，获睹其旧藏手抄《秘本相法》，愈知相人之道，盖基于人生经验观察归纳而得。其本于生理之构造，心理之反应，与社会之薰陶者，莫不有理致可寻，非苟为称心之谈，耸人闻听而已也。且夫人相之成，固由先天父母之遗，亦颇收后天修持之效，故曰“相随心转”。此孔子所以有“焉廋”之叹，孟子所以有“瞭眊”之论也。然则虽生而部位停匀，骨肉相称，苟不以正心为先，亦有应富贵而反贫贱，当寿考而竟夭折者矣。荀子主性恶，事事与孟子相左，故有《非相》之篇。细绎其言，则貌恶而心善，不失为君子；貌善而心恶，不失为小人，似犹浅之乎其言相，所谓皮相之谈者耳。夫彼正人君子，虽形貌拙陋，固自有一股清正之气，弥漫于面表；若阴险贼恶之小人，虽面如傅粉，亦必有一种邪忒之气，笼罩于身外。一时之贵贱穷通，固不足为终身之定评也。树珊先生之于星卜，往往以诱人行善为依归。然则其著斯书也，固将劝人肃正其心。俾有乎其中而发于其外，自然入格，克享富贵寿考而无愧也。承命弁言，爰拈此义，以与读者共参究之。

时民国三十六年八月三日

仪征厉鼎煃星槎甫谨撰于三余斋

应 序

形相之道，其在先天，乃无名无形，无色无相；其在后天，乃有名有形，有色有相也。无名无形，无色无相，乃是先天所蕴无形之真体；有名有形，有色有相，乃是后天所化有形之幻像也。阅同修袁君树珊新著《相人探原》一书，以后天有形之幻像，而探索于先天无形之真体，得其玄中之玄，妙中之妙，真中之真，幻中之幻，何其神也！从幻以求真，真中自有真；从真而藏幻，幻之则又幻已。夫所谓幻相者，即是人生有形之假体也；真相者，即是人生无形之精神也。精神足，灵气充；假体毁，灵气散。树珊以“悟中捉有，思中觅无”之心得工夫，而运用于“言命言相，观气观色”之仁术者，自然无窔不得，无言不抉，众妙归根于有系统之玄窔已。所谓“夫人不言，言必有中”者，此也。袁君隐于道，行于道，研究命相之道，非消极，乃积极；非迷信，乃正人之迷而不信者也。法海深渊，玄妙难测；淑世善民，头头是道。得此一书读之，可以贯彻其形性命之原理已。世有博学之士，积累半世，而不能解决其当前之难题者，曷试观《相人探原》而穷其究竟，即可以解决其根本之问题也。愿世人各执一卷，共同探讨之。

浦江应鸣槃序于镇江道院之修真室

自 序

世人每至隆冬朔风凛冽之候，或旅行于冰天雪地之中，贫富虽异，其为身着厚絮，或体披轻裘，以御寒威则同。所可怪者，其颜面一部，莫不独显露于外。《难经》云："诸阳脉皆上行至头，故令面能耐寒。"此说诚是。然余认为颜面乃人之特种标识，所以独显露于外者，盖欲使人望而知为李赵张王、男女老少。假使蒙之以幕，仅示以腹背手足，虽亲如父子，均恐各不相识；即确是兄弟夫妇，亦难免不疑为路人也。由是观之，颜面为人类之特种标识，毫无疑义，岂止诸阳脉上行于头，为生理家所当晓哉！夫人类以颜面为特种之标识，斯言似矣。何以古之相士，又谓忠奸贤愚、富贵贫贱，以及寿夭穷通，均系之于颜面，其故安在？曰：谚云"人心不同，各如其面"，余留心实验，垂四十余年，乃知万千人之心理不同，而万千人之颜面，果亦不同。不独子不能尽肖其父，女不能尽肖其母已也。惟其颜面之不同，故心理亦不得相同也。或曰：颜面五官，人所同具，何得谓为不同？又何有于忠奸贤愚、富贵贫贱、寿夭穷通之别乎？曰：同一耳也，有软硬，有厚薄。同一眉也，有浓淡，有长短。同一目也，有清浊，有露藏。同一鼻也，有曲直，有高低。同一口也，有斜正，有大小。五官之不同如是，其心理安得而同乎？相人书云："耳厚而坚者体健，耳薄而软者神昏。眉长而秀者主聪明，眉短而促者主愚蠢。目光明媚者慈祥，目光斜露者邪淫。鼻梁正直者忠信，鼻梁歪曲者奸恶。口之端厚者，言不妄发；口之偏颇者，语必支离。"五官之不同如此，故心理之不同亦如彼。心理之所以不同者，盖体健异于神昏，聪明异于愚蠢，慈祥异于邪淫，忠信异于奸恶。言不妄发，异于语必支离。有此种种不同之象征，故亦有种种不同之心理。夫以种种不同之心理，一旦出而问世，大之则举措于国，小之则设施于家。其为善为恶，获誉获毁，忽顺忽逆，时得时丧，宜其南辕北辙，种种不同；而忠奸贤愚、富贵贫贱、寿夭穷通之事迹，均将一一表暴而出之，奚待烦言哉！然此仅论五官，而况古之相人者，不止于此，尚有论头额颏颚、论腹背手足、论骨肉毛发、论声音气色精神等种种大法。宜其望而知之谓之神，闻而知之谓之圣也。或曰：同是五官，何以彼眉独浓，此眉独淡；彼眉独长，此眉独短；彼目独清，此目独浊；彼目光藏，此目光露？何以又有口之斜正大小，鼻之曲直高低，耳之软硬厚薄，悬殊若是，究谁使之然耶？曰：面为诸阳之会，《难经》已言之矣；脑为髓之海，《灵枢》早有明文，不待西人也。盖人之一身，五官百骸，莫不系乎阳气，莫不系乎脑髓。若阳气充沛，则阴血协和，脑髓满足，则发育健全；稍一偏胜，形势即乖。造化天生，虽父母不能为之主宰。果其气血平衡，修短合度，其五官百骸之形势，必异乎常人。有不为圣为贤者，吾不信也。或曰：忠奸贤愚，一切一切，诚著之于颜面，见之于五官。然皆天生固定，不能变更，何必知之？即知之，亦何益哉！曰：是何言耶？孔子“视听焉廋”，孟子“眸子瞭眊”，盖欲使人知此知彼，俾可舍短从长，鼎新革故。所谓“过则改之，善则加勉”已耳。而况当今之士，人事复杂，险象环生，苟无自知之明，势必不安本位，非分妄求，欲其崇朴弃华，业精名振，必不可得。苟无知人之明，势必随波逐流，以耳代目，欲其远佞亲贤，虚怀纳善，亦必不可得。如是，有不动辄得咎，偾事丧身者几希。至于身膺重任，手握大权，其进退人材，尤有兴衰成败之关系。清曾湘乡有云：“凡办大事，须多选替手。”玩其选字之意义，不具有知人之鉴者，能乎否乎？果欲知之，则不可不读相人书。顾相人之书，种类甚多，或繁或简，难期明备。惟《图书集成艺术典·相术汇考》，搜罗最富。兹不揣固陋，谨择其理明辞达，质实易解者，按照人生百岁，所行部位，分类详载。读者果循序披览，细心探讨，必可获知此知彼，利己利人之特效。益以杂论者，为审察气色、精神及手指、掌纹、妇幼等之吉凶也。备载《人伦大统赋》及《冰鉴》，而略加浅注者，为升堂入室也。附以西洋相术者，为温故知新也。殿之以《相征丛谈》者，为足资模楷也。惜俗冗力绵，未能博采，挂一漏万，知所不免。海内高明，幸指正之。

民国二十六年岁次丁丑夏至后二日

镇江袁树珊谨识于云台山麓润德堂

题　辞①

一

濠梁　王道源

谚云眼斜心不正，人人明了相人书。
若询斯语何从证，孟子七篇可按诸。
视以观由安更察，任何形状莫能逃。
探原立论宗斯旨，足见先生眼界高。

二

闽侯　林侣云　南圣

畴云皮相论无据，富贵穷通自有凭。
八彩重瞳手反握，巍巍圣像是明征。
螣蛇入口饿难逃，心不固兮举趾高。
形相由来昭若揭，可知无或爽丝毫。
色相虽为天所定，吉凶祸福自寻求。
修心改相非虚语，人定胜天一念酬。
袁翁相术驰中外，立论探原醒世人。
参透此中玄妙理，空空色色见天真。

① 谨以奉到先后为序。

三

杭县　王煦林

等身著作等身名，探本穷原集大成。
椽笔传经真富贵，山中宰相属先生。
总总芸芸造化奇，难将仪表论妍媸。
人心不一如其面，皮相由来未可欺。
存于中兮形于外，聆音察理辨瑕疵。
谁谓骨气无凭据，相鼠诗云尚有皮。
得天独厚奇男子，禀气偏枯小丈夫。
谁识个中真造化，先生指点闷葫芦。

四

阜宁　解树强　斐卿

伏羲远祖溯羲皇，灵蓍千年妙理藏。
自有神机参宇宙，笑他世上设青囊。
阳奇阴耦卦中生，万事乘除岁月更。
铁笔一枝通造化，行藏能不问君平。
医有难经相有书，蓍龟占卜理玄虚。
欲求斯道传当世，不惮搜罗太古初。
隐居海上有声名，读罢奇书眼更明。
堪羡先生完夙愿，卅年辛苦大功成。

五

金坛　陈东生

公以侠肠露头角，双眸今日为君开。
一从天汉乘槎返，云水光中洗眼来。

六

江都　张太素　观翁

先生何许人，胸心罗五岳。江湖阅人多，处处卓行脚。
老眼大于箕，锐利生芒角。神来忽纵论，确凿先知觉。
语语破几微，字字有着落。大言君勿笑，厚意吾自乐。

七

江都　汤庆会　子余

目睛闪闪，大言皇皇。横论纵论，得时则昌。
天道不远，人事何常。履中受苦，谦亨而光。
斯编旨趣，我为君扬。

八

江都　许志伊　莘农

循委寻源衡鉴精，鸢肩火色认分明。
千秋刊定观人法，媲美吾家月旦评。

未侯先断饿戕躯，许负当年识亚夫。
我读先生传世作，心钦仁术指迷途。

九

同里　于树深　小川

近日听经有得，爰以经义演绎成诗，藉题树珊道兄新著《相人探原》即，希郢正。

大道谁参形性命，片言能抉窔中玄。
渊渟岳峙形前定，探讨先天与后天。
人人物物幻相耳，幻里求真真有原。
寄语芸芸诸假我，万千生化此中存。

十

同里　蒋士杰　孟彦

读树珊先生《相人探原》宏著敬题。

研讨相人术，惟君精绝伦。不知天下士，谁是眼中人。

十一

同里　袁圣称

宣圣重知命，相术至今传。先视后观察，如见肺肝然。
孟子生周末，邪说至纷纭。听言观眸子，曲直得其真。
人言是小道，列以九流辈。吾谓道高妙，圣贤所不废。

十二

同里　李正学　崇甫

探原立论相人术，便是当今衡鉴堂。
洞察往来若观火，大名早已亚天纲。
圣贤崇正观眸子，辨别忠奸在目中。
试读此篇新著述，七贤而后数明公。①

十三

同里　马步洲　云程

京口袁夫子，聪明睿智人。一生精命相，两目识风尘。
藻鉴超前古，丛书著等身。探原盥薇诵，尤觉蕴经纶。

① 君会于镇江宝盖山麓建有伏羲庙，附祀司马季主七贤。

凡　例

一　本书编次简明，由一岁至百岁，所行部位，均皆分论。与普通相人书，连篇累牍，含糊不爽者迥异。读者只须按照自己实足年龄，随意检阅，即知富贵贫贱，寿夭穷通。

二　本书所载面部，一切部位，悉参《生理解剖新书》。与寻常坊本，每多不同。

三　本书议论、参考各家，而以《图书集成·相术汇考》为主。语有根据，均可覆按。

四　本书特将《四库全书》所收（金）张行简撰《人伦大统赋》，择要浅注。又将古籍《冰鉴》，择要浅注。既易了解，尤便寻研。《冰鉴》一书，乃（宋）吕岩洞宾撰，时人谓为（清）湘乡曾文正公涤生国藩所著，殆未深考耳。

五　本书兼采《西洋相术》，固为温故知新。然果互相比较，一为仅观片面，一为详察全体。精粗疏密，不难辨别。

六　本书殿以《相征丛谈》，固为扩充见闻，亦可见相人之学，与国家、社会，确有相当裨益。不独为知己知彼、保身保家者所当习知也。

欲知一生荣枯、前途明暗，及终身事业、进取方针，或争名于朝，或争利于市者，不可不读此书。

欲知目前吉凶祸福，或宜急进，或宜缓行，或宜耐守，或宜变法，或宜务本者，不可不读此书。

欲知人之忠奸贤愚，贵贱寿夭，或宜委以重任，或宜托之腹心，或宜预为防范，或宜立即远离者，不可不读此书。

至于择夫、选妻、聘师、交友，种种一切，对于自身有成败、利害关系者，尤当熟玩此书。

考正流年行运部位之图第一

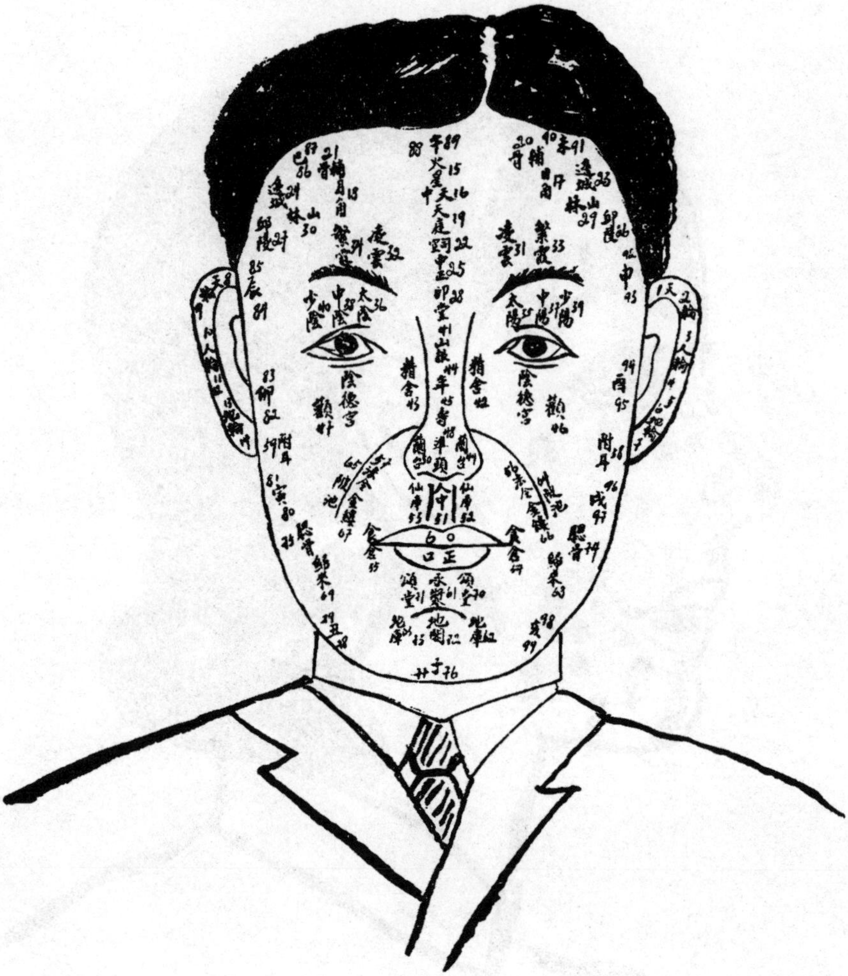

＊1～100 部位之名称，本图若略有不清之楚，请参见卷上之百岁流年运气部位表。

侧面左图第二

侧面右图第三

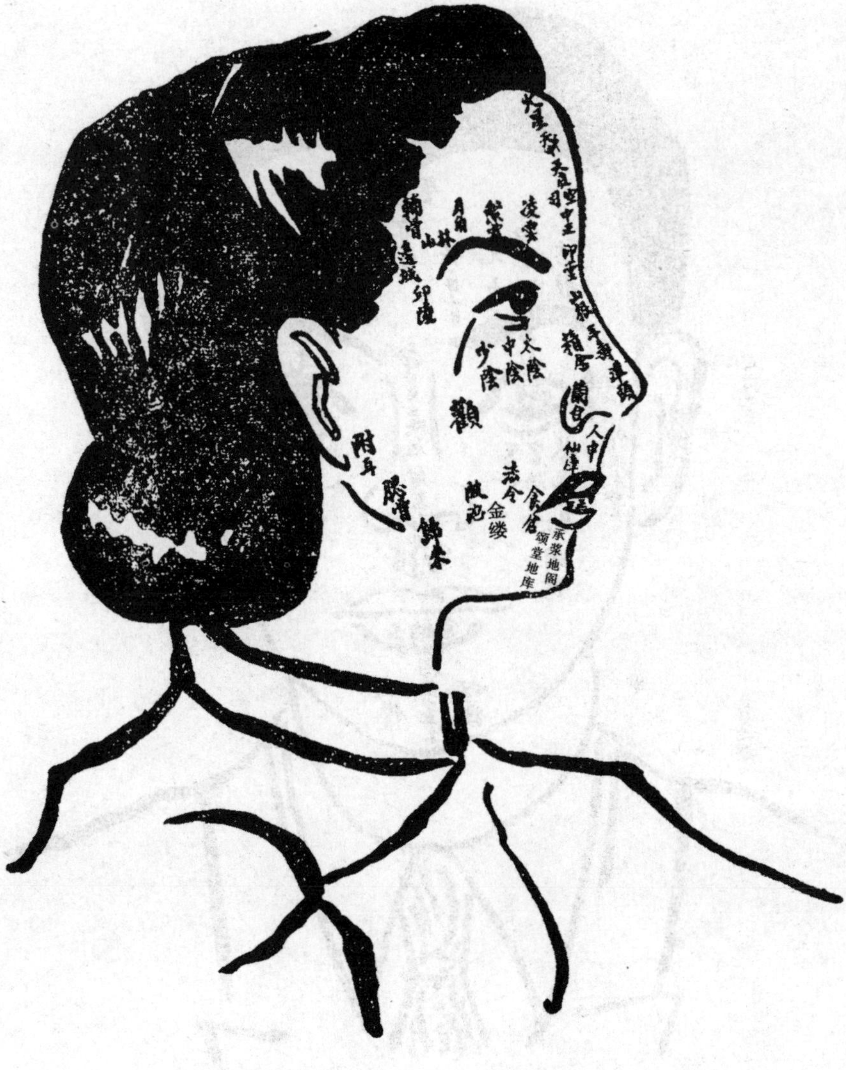

四学堂五官十二宫之图第四

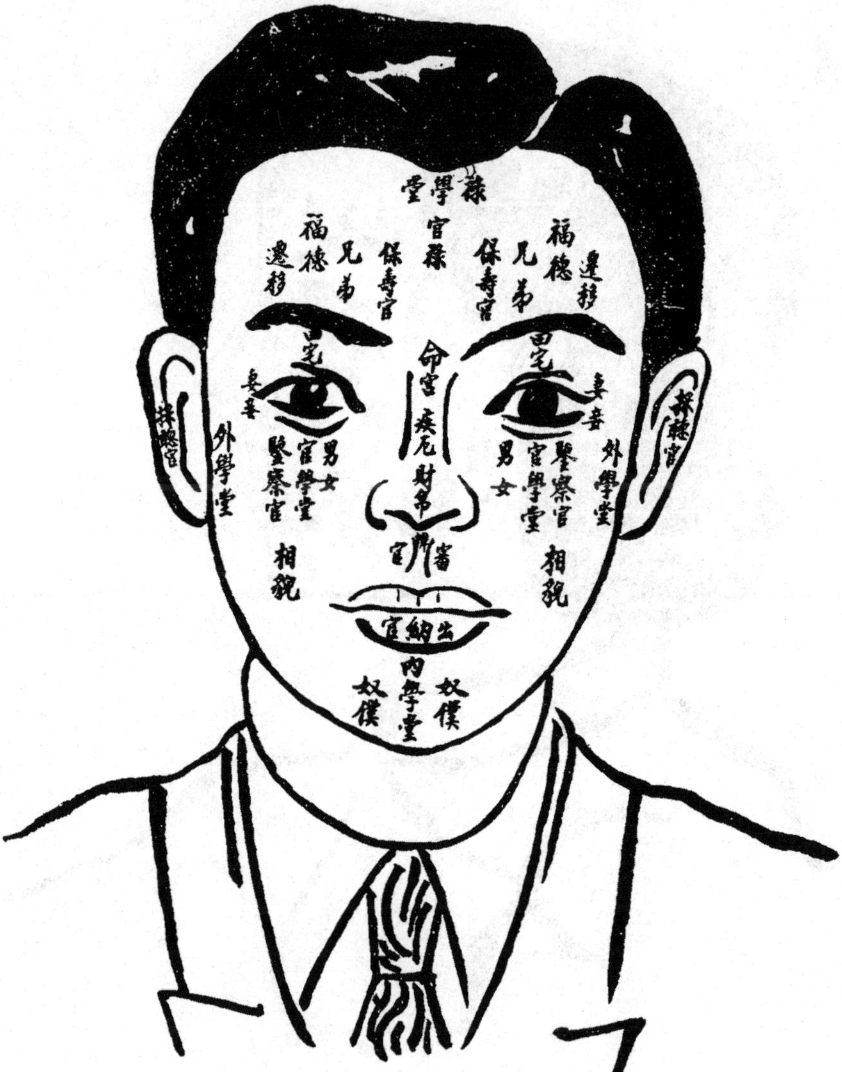

四渎五岳五星六曜之图第五

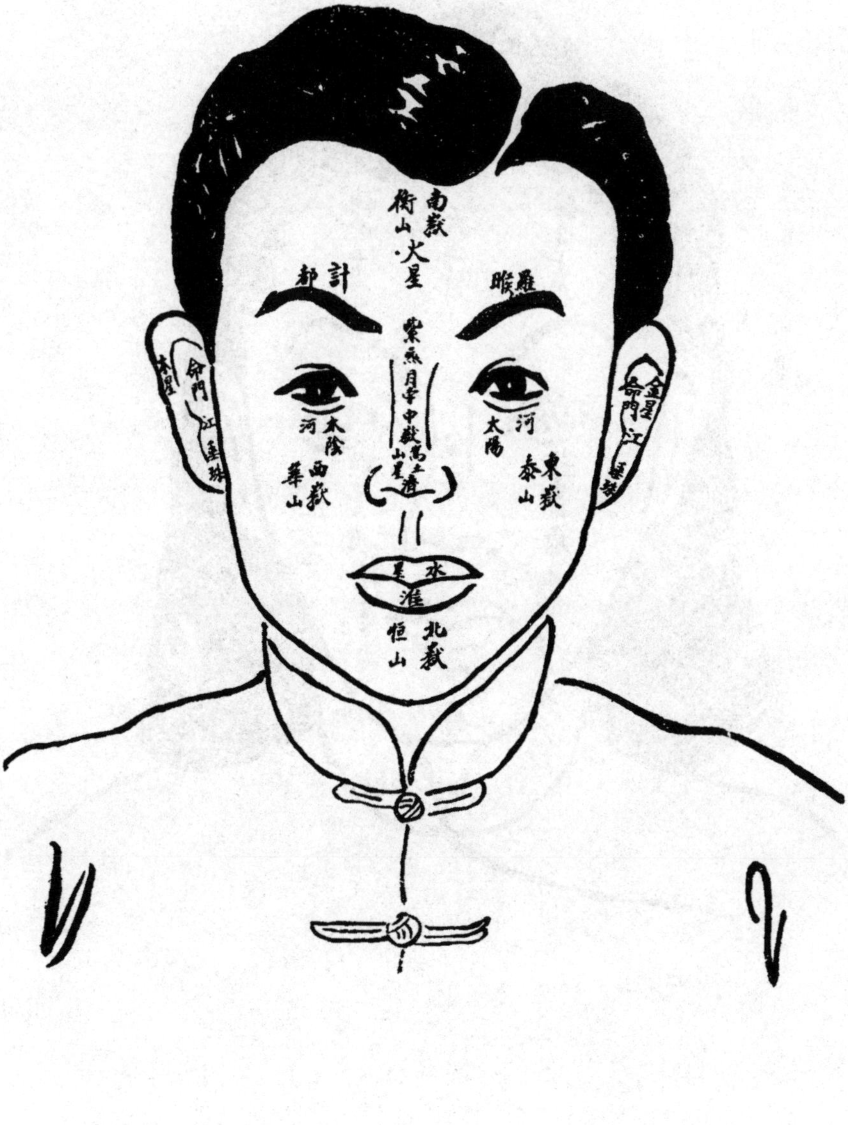

三才三停六府之图第六

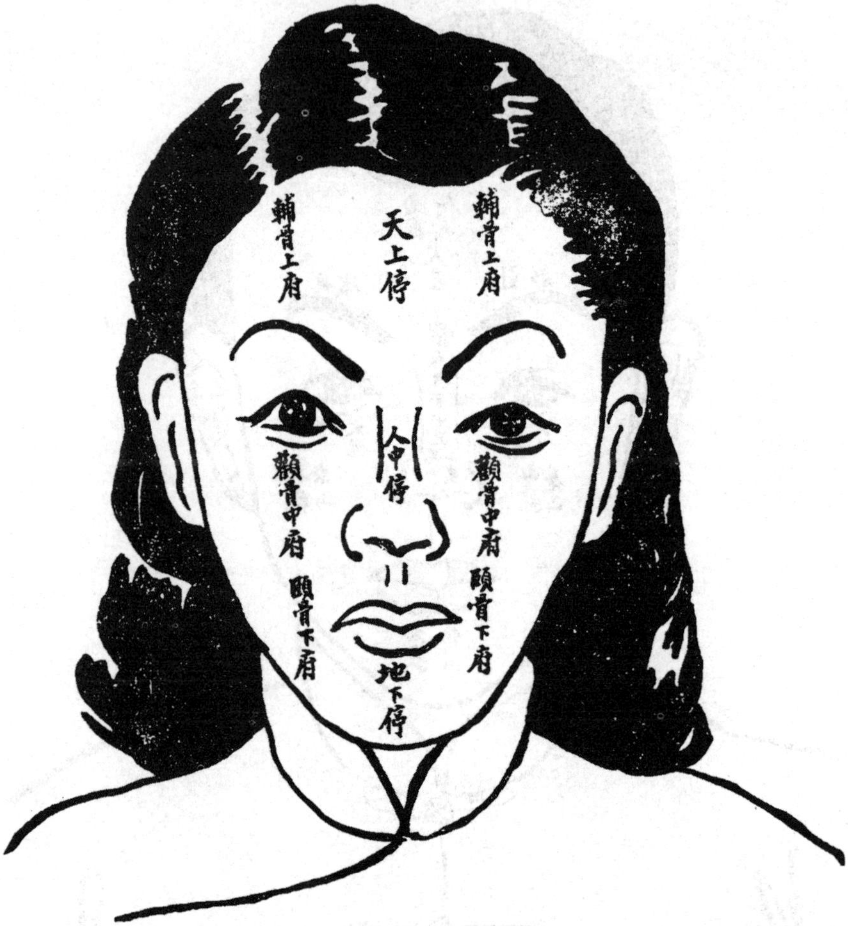

面部痕纹之图第七

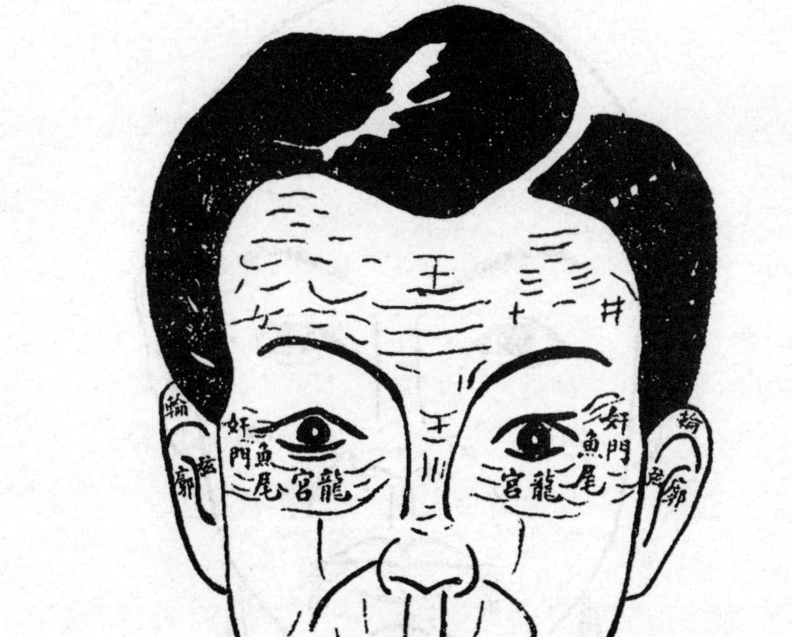

男女面痣之图第八

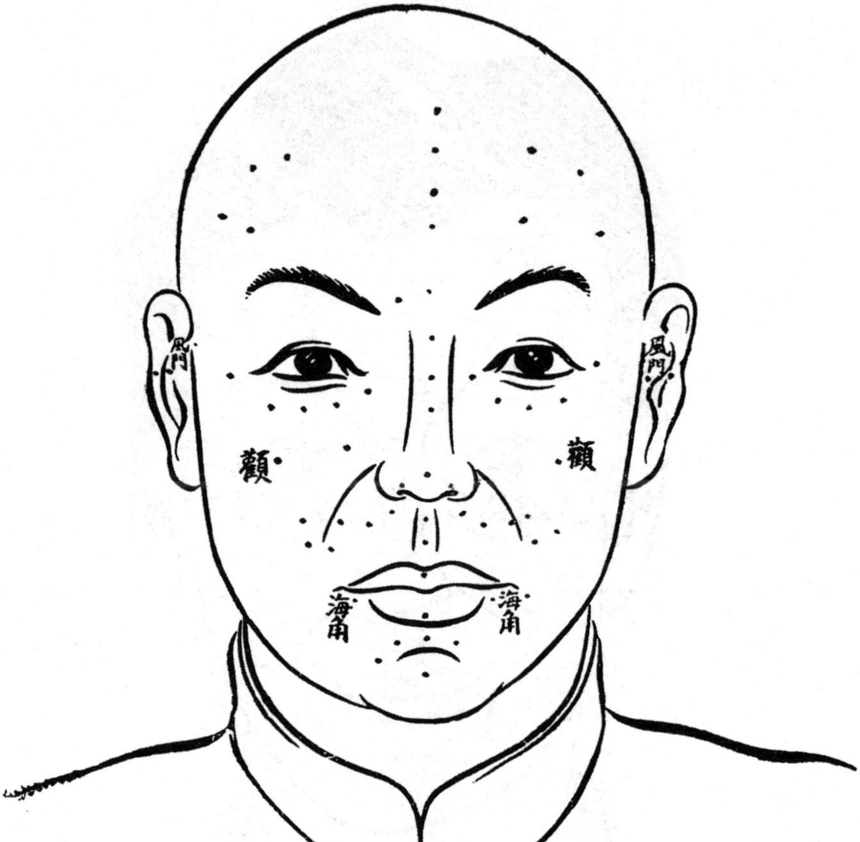

中法手掌八卦十二支之图第九

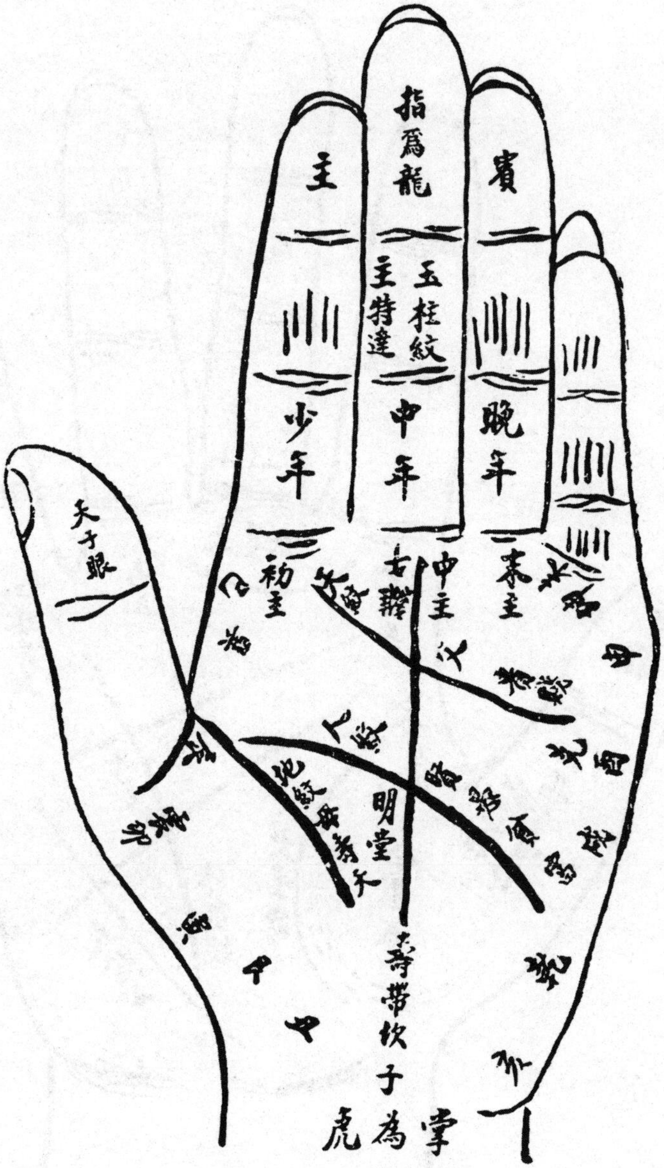

西法手掌七丘之图第十

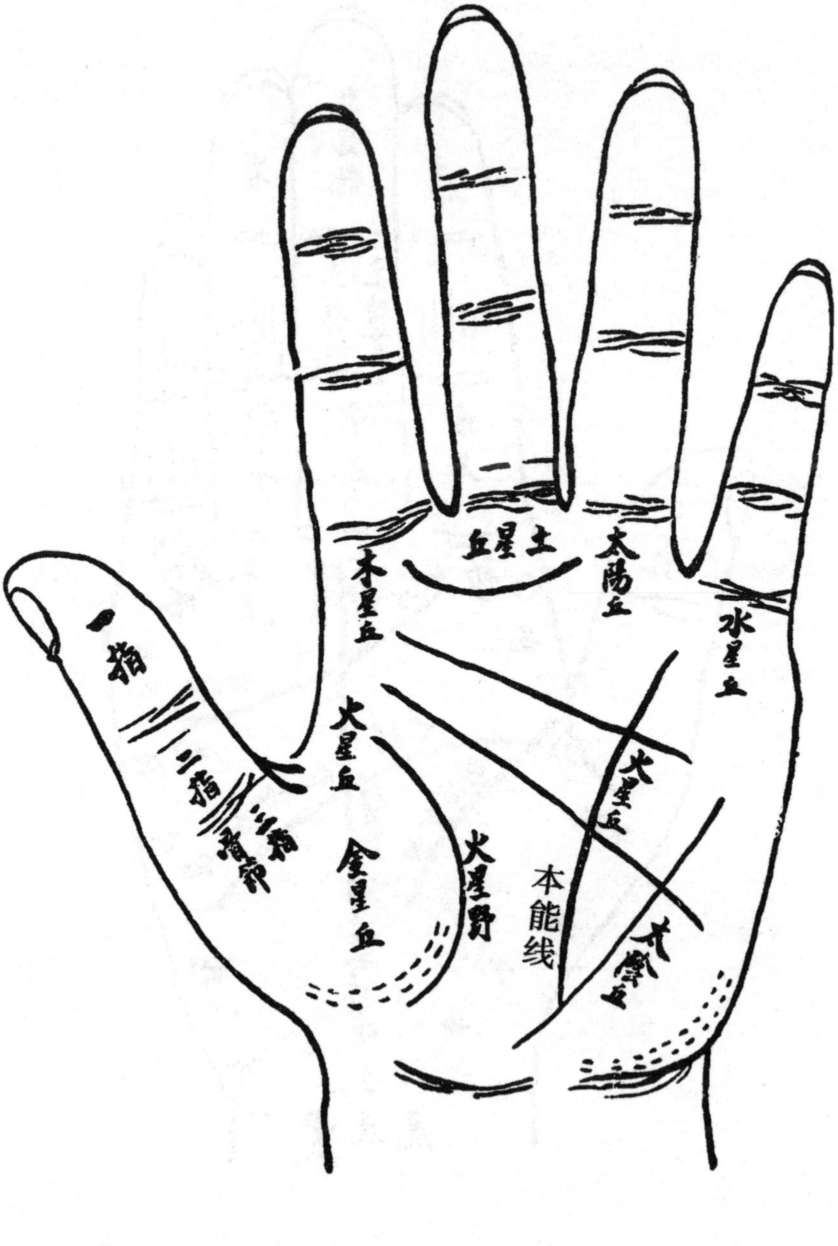

目录

中西相人探原卷上

汉高士临泾王节信先生符《潜夫论·相列篇》云：《诗》所谓“天生烝民，有物有则”，是故人身体形貌，皆有象类；骨法角肉，各有分部，以著性命之期，显贵贱之表。一人之身，而五行八卦之气具焉。故师旷曰：“赤色不寿，火家性易灭也。”《易》之《说卦》：“巽为人多白眼相。”扬四白者兵死，此犹金伐木也。《经》曰：“近取诸身，远取诸物。圣人有以见天下之至赜，而拟诸形容，象其物宜。”此亦贤人之所察，纪往以知来，而著为宪则也。人之相法，或在面部，或在手足，或在行步，或在声响。又曰：骨法为禄相表，气色为吉凶候，部位为年时符。由是观之，相人之学，早见经传，不仅孔曰“视察焉廋”，孟曰“眸子瞭眊”已也。本书谨遵此旨，首论面部、骨格、气色，次论手足、行步、声音。而面部之部位，应用者正名只采四十有四，副名亦不过七十有五。证以王仲任先生《论衡·自纪篇》所云“人面色部，七十有余”，颇为吻合。其他繁芜之名，不切实用者，概置不论。质之大雅，以为何如？

百岁流年运气部位表

左耳　1 天轮　左耳　2 天轮　左耳　3 人轮①
左耳　4 人轮②　左耳　5 地轮③　左耳　6 地轮④
左耳　7 地轮⑤　右耳　8 天轮　右耳　9 天轮
右耳　10 人轮　右耳　11 人轮　右耳　12 人轮
右耳　13 地轮　右耳　14 地轮　额部　15 火星
额部　16 天中　额部　17 日角　额部　18 月角
额部　19 天庭　额部　20 左辅角　额部　21 右辅角
额部　22 司空　额部　23 左边城　额部　24 右边城
额部　25 中正　额部　26 左丘陵　额部　27 右丘陵⑥
眉部　28 印堂　眉部　29 左山林　眉部　30 右山林
眉部　31 左凌云　眉部　32 右凌云⑦　眉部　33 左繁霞
眉部　34 右繁霞⑧　眼部　35 太阳　眼部　36 太阴
眼部　37 中阳　眼部　38 中阴　眼部　39 少阳
眼部　40 少阴　鼻部　41 山根　鼻部　42 左精舍
鼻部　43 右精舍⑨　鼻部　44 年上　鼻部　45 寿上
鼻部　46 左颧　鼻部　47 右颧　鼻部　48 准头
鼻部　49 左兰台　鼻部　50 右兰台⑩　唇部　51 人中

---

① 旧名天城。
② 旧名天城。
③ 旧名天廓。
④ 旧名天廓。
⑤ 旧名天廓。
⑥ 旧名冢墓。
⑦ 旧名紫气。
⑧ 旧名彩霞。
⑨ 旧名光殿。
⑩ 旧名廷尉。

唇部　52 左仙库　唇部　53 右仙库　唇部　54 左食仓

唇部　55 右食仓[1]　唇部　56 左法令　唇部　57 右法令

颊部　58 左附耳　颊部　59 右附耳　口部　60 正口

颚部　61 承浆　颚部　62 左地库　颚部　63 右地库

颚部　64 左陂池　颚部　65 右陂池[2]　颚部　66 左金缕

鄂部　67 右金缕　颚部　68 左归来　颚部　69 右归来

颚部　70 左颂堂　颚部　71 右颂堂[3]　颚部　72 地阁[4]

颚部　73 地阁[5]　颚部　74 左腮骨　颚部　75 右腮骨

颚部　76 子位　颚部　77 子位　腮部　78 丑位

腮部　79 丑位　腮部　80 寅位　腮部　81 寅位

耳部　82 卯位　耳部　83 卯位　眉部　84 辰位

眉部　85 辰位　额部　86 巳位　额部　87 巳位

额部　88 午位　额部　89 午位　额部　90 未位

额部　91 未位　眉部　92 申位　眉部　93 申位

耳部　94 酉位　耳部　95 酉位　腮部　96 戌位

腮部　97 戌位　腮部　98 亥位　腮部　99 亥位

左耳　100 还原

---

① 旧名禄仓。

② 旧名鵞鸭。

③ 旧名地阁。

④ 旧名奴仆。

⑤ 旧名奴仆。

百岁流年运气部位歌

欲识流年运气行，男左女右不同评。一岁二岁天轮左，三岁四岁人轮迎。[①]

五六七岁地轮左，[②] 八岁九岁右天轮。十至十二人轮美，十三十四地轮真。

十五火星在额上，天中十六要光明。十七八岁日月角，十九天庭气朗清。

二十廿一两辅骨，廿二司空最喜平。二十三四边城地，廿五中正贵丰盈。

二十六七丘陵满，[③] 廿八印堂整轶群。二九三十山林茂，三一三二望凌云。[④]

三三三四繁霞好，[⑤] 三五太阳三六阴。中阳中阴三七八，三九少阳灿若金。

四十少阴光似月，山根四一乐登临。四十二三居精舍，[⑥] 四十四五年寿尊。

两颧只管四六七，四十八岁准头敦。四九五十兰台拱，[⑦] 人中五一见深痕。

五十二三守仙库，五十四五食仓存。[⑧] 五十六七皆法令，五十八九附耳言。

六十花甲属正口，承浆六一具渊源。六十二三地库厚，六十四五陂

---

① 旧名天城。
② 旧名天廓。
③ 旧名右为冢墓。
④ 旧名右为紫气。
⑤ 旧名右为彩霞。
⑥ 旧名右为光殿。
⑦ 旧名右为廷尉。
⑧ 旧名右为禄仓。

池湾。[①]

六十六七金缕富，六十八九归来看。颂堂七十七十一，[②] 七十二三地阁宽。[③]

七十四五腮骨大，七十六七子位观。七八七九同临丑，八旬八一寅上班。

八二八七卯辰巳，八八九一午未间。九二九七申酉戌，九八九九亥香山。

遐龄百岁从头数，返老还童兴不阑。晦滞偏斜非福相，崇隆黄润必康安。

① 旧名右为鹅鸭。

② 二年皆值颂堂。

③ 旧名奴仆。

初学入门

本书所载《百岁运气表》，乃颜面全部之名称；《百岁运气歌》，乃一生行运之次序。必须细观熟读，然后再将《考正运气图》，一一与表歌对照，即知某岁行某部矣。若再将三停、十二宫等图，按照百岁行运部位吉凶诸说，悉心揣摩，即知某部合格与否，某岁吉凶与否。至颜面痣纹、头部枕骨、手纹足纹，均与人相有密切关系，固不可忽视；而气色、毛发、声音、举止，种种一切，皆能左右颜面部位之祸福，尤当详察也。

珊按：旧书如五官之图，以鼻为审辨官，五岳以鼻为中岳，十二宫以鼻为财帛宫，五星以鼻为土星，六曜以鼻为月孛，四渎以鼻为济渎，又曰山根、年上、寿上、怪部、准头、兰台、廷尉，甚至十干图以鼻为戊己，九州图以鼻为豫州，六神图以鼻为勾陈螣蛇。同一鼻部，而名称若是之繁，解说纷纭，徒乱人意。本书绘图，仅择其牵牵大者。其休咎吉凶，均逐岁按部说明。其他名异实同者，弃而不论，庶归一致。大抵人面部位，上法于天，下象于地，宜厚阔丰正，忌窄薄欹斜。是以头要圆，额要方，骨要坚，目要清，眉要长，耳要高，颧要昂，鼻要正，口要湾，唇要红，齿要白，发要秀，须要朗，天庭地阁要朝，日角月角要拱。至于仓库要满，印堂要宽，山根要直，泪堂要平，人中要深，法令要明，三停要称，六府要强，正面要开，轮廓要分，尤当加意。若再不见癍痣纹痕，无伤无破，其为令器无疑，非贵即富。否则或升或沉，忽否忽泰，皆未可以尽善言也。至玉枕骨、手纹、足纹等，详见本书《杂论》及《大统赋》、《冰鉴》，学者可细观之。

百岁行运部位吉凶

上古之寿，百二十岁为终，今人七十岁者已稀。《万全相法》之三主，以七十五岁为约。一岁至二十五岁为初主，二十六岁至五十岁为中主，五十一岁至七十五岁为末主。其《总括》云：“额尖初主灾，鼻歪中主逃。欲知晚景事，地阁喜方高。”本书论部位，虽以人寿百年计，而鉴别吉凶，仍从三主之说。自一岁至七十五岁，采集众说，不厌求详。俾读者不假思索，一望而知。自七十六岁至百岁，大都从略。盖年高事简，有不得不然者也。

一岁至二岁行运　天轮

凡部位有左右者，男人先行左部，女人先行右部，以次顺序。惟必须至生日后，始可交脱。

耳部　左耳上边，专名（天轮）。五官为（采听官），五星为（金星），四渎为（江渎），四学堂为（外学堂），又为（禄堂），解剖学为颞颥部耳翼。

鉴别　天轮之耳，主聪，贯脑通肾，为心之司，肾之候。故肾气实，则清而聪；肾气虚，则昏而浊。是以五官为采听之官，主声誉与心行也。

金星，信在左耳。《经》云：“金星须要白，官位终须获。”

江渎属之两耳，如果孔窍深阔，重城紧密，必主聪明特达。

外学堂，一名禄堂，在耳门之前。丰满光润，堪称敏捷；昏沉窄隘，大都愚顽。耳与头部，有密切关系。凡尖头瘦面者，无肥大耳。薄唇小口者，无圆满耳。下颚肥大者，垂珠必大。观其耳形何如，即知面部格局，而为人之性质，及命运之升沉，亦可于此得其梗概矣。

耳形美者，所闻皆善；脑筋印象，势必皆善，是以趋向高明。耳形恶者，所听皆恶；脑筋印象，势必皆恶，是以终成无赖。耳厚而坚者寿考，耸起过眉者康强，轮廓分明者优裕，[①] 反此贫苦。长而厚者禄位，厚而圆者财食。薄而向前，反而偏侧，多主贫夭。左右两耳，大小不同，亦主困顿。光明润泽，则声誉远扬。焦暗尘昏，则粗疏愚蠢。耳有廓而无轮，似有物而不藏也。耳有轮而无廓，似有藏而无物也。皆非所宜。大抵贵人有贵眼，或无贵耳。贱人有贵耳，或无贵眼。此又不可不知。女人左耳厚者先生男，右耳厚者先生女。一大一小者，主饮二母之乳。不然，主有异母兄弟。

耳色白于面者，名扬海内。耳色既白且坚者，福备命长。耳色红润者，贵达高明。耳色黄白者，声闻遐迩。耳色青黑者寒酸，皮粗色青带黑，而又干燥者，肾衰寿短，尤主远走他乡。

三岁至四岁行运　人轮

耳部　左耳中凹之处专名（人轮），旧名（天城）。余均同上。

鉴别　人轮与廓，敦厚贴肉，风门宽大，[②] 颜色鲜明，主富贵寿考，智虑过人。若耳孔小，骨节曲戾者，多主下愚。廓高于轮，远客他方，而卒少子息。有轮无廓，虽有技，亦不免孤贫。耳污色滞，主穷，运蹇时往往见此。耳内有黑子者，当生贵子。耳内生长毫者，更应康宁。

五岁至七岁行运　地轮

耳部　左耳下边之厚肉，专名（地轮），旧名（天廓），一名（耳垂），又名（垂珠）。余均同上。

鉴别　地轮耳珠，贴肉朝口，对面不见者，必主富贵寿考。上大下小者操劳，上长下短者贫夭。耳硬如骨者，肾气强，体必健康。耳软而薄

---

① 耳之外缘为轮，内缘为廓，逼近耳孔高突者，为耳弦。

② 风门，即耳孔，在左为人门。

者，肾气弱，心无主宰。耳无垂珠者，破财荡产。耳有厚肉红润者，富屋润身。

珊按：一岁至七岁，必须运行左耳之三轮。其气色宜赤忌青，而尤忌暗惨无光。《经》云："形虽善而色不明，终不足取。"故善相者先相其色，后相其形，始无差谬。

八岁至九岁行运　天轮

耳部　右耳上边专名（天轮），五星为（木星）。耳后骨起，为（寿堂），一名（辅骨）。余均同上。

鉴别　天轮木星位在右耳。《经》云："木星须要朝，五福并相饶。"

耳高过眉，谓之君上臣下，或直朝双眉，主聪明富贵，寿考康宁。耳骨起，名曰寿堂，亦名辅骨。若手中纹长，耳又高耸，必百岁不死。耳如箭羽者贫贱，尖小者孤穷。耳高者操行不苟，耳低者贪婪好色。耳大识大，自信力强。耳小胆小，难任机密。左耳相父，右耳相母。左耳缺者先丧父，右耳缺者先丧母。左右并缺者，双亲早逝，又主有异母兄弟。

十岁至十二岁行运　人轮

耳部　右耳中凹之处，专名（人轮），一名（命门）。余均同上。

鉴别　人轮命门，部位属耳。其色鲜明者，必遂壮志，昏暗者难获盛名。耳孔，又名风门。在右又为鬼穴，宽大者寿，窄小者夭。耳内若生大痣，更主寿考。耳门如墨，或耳根生黑子者，皆主少亡。耳薄如纸，男主夭寿，女主克夫。若无棱而额削，甚至骨粗，势必为妾。

左右两耳，轮廓红白，耳孔又润厚而高者，必主少年得禄。命门黑气入耳者，病死。[①] 黑气自大海入耳者，七日之内必死。[②]

十三岁至十四岁行运　地轮

耳部　右耳下边之厚肉，专名（地轮）。余均同上。

鉴别　地轮之耳垂，与口齐者，必资财万亿。此指耳长言，非谓耳生低下也。耳珠朝口，名曰朝海。[③] 既寿且富，迥异寻常。总之，耳宜大而忌小，耳宜高而忌低。刘玄德耳垂过肩，虽不足尽信，然其耳之大，概可相见。

珊按：八岁至十四岁，行右耳之三轮。其气色，宜红润明秀。白主淹滞，黑主损寿，皆大忌也。

又按：旧书左耳分三部，上曰天轮，中曰天城，下曰天廓。右耳亦分三部，上曰天轮，中曰人轮，下曰地轮。左耳之上部，与右耳之上部，同曰天轮，甚是。左耳之中部忽曰天城，下部忽曰天廓，与右耳之中部人轮，下部地轮大异。本书左耳之上部，仍曰天轮；中部改曰人轮，下部改曰地轮，以示与右耳相同，便于记忆。且合上中下三才定位之义，而况耳之外缘为轮，耳之内缘突起者为廓，论耳之吉凶，首重在轮，其次在廓，增一“城”字，固嫌蛇足。三部皆冠以天字，尤属不伦也。

十五岁行运　火星

额部　在前发际面部正中，居第一位午位之下。天中之上，专名（火星）。三停为（上停），三才为（天才），五岳为（南岳），四学堂为（禄学堂），解剖学为前头部。

---

① 命门，在奸门之下，逼近人轮。

② 大海，即正口左右之两角。

③ 正口左右之两角，名曰海角。

鉴别　额者，一体之府，一身之天，诸阳之首，形体之先。上下共有六部，曰（火星）、（天中）、（天庭）、（司空）、（中正）、（印堂），各掌贵贱吉凶。大抵喜阔而圆，忌窄而尖。阔而圆者贵，窄而尖者贱。《经》云："额大面方，富贵无殃。促面狭额，至老贫厄。"观于此，可见额之美恶，关系人之荣枯大矣哉！

上停者，自发际至眉间是也。解剖学为前头叶，欧人谓上部司智力，凡前头叶发达者，上停必广，其人格大都高尚优美，长于理论。若前头叶过于发达，形势特异，失其平衡，又不免迂于俗事，无实行能力，身体孱弱，生存竞争，尤不适宜。[①] 总之，额之大小，为智力大小之比例。额广丰隆者，智力充足。额狭污陋者，智力缺乏。盖我国相学，额属上停，主长上，司初年。故额美者，初年运吉。无论婴孩小儿，额美者，其父母必好，且能明理敬上，教养自佳，因是智力亦特殊发达。《经》云："上停长大，少年荣昌。"[②] 可见上停最忌短小也。

天才在额，天圆则可贵，论相者必先视额。额为君，故以天喻之。

南岳衡山，位居额上，必须丰厚崇隆。形如满月者，尤佳。若倾侧晦滞，则知识浅陋，断难建树。

禄学堂在额阔而长者主贵寿，狭而短者主贱夭。

"火星须得方，方者有金章"，此先贤屡验不爽之名言也。又云："额阔平无纹，助眼倍精神。"上文所谓"平者以直言，阔者以横言，无纹者以少年言"，又云"眼若无秀无神"。额之火星，即使平阔，所得几何？明乎此，即知眼之秀气有无，神来何如，与额之吉凶，有密切关系，能不加之意乎？

十六岁行运　天中

额部　在前额面部正中，居第二位。火星之下，天庭之上，专名（天

---

① 珊昔见某君，头部特大，二目露光，语言支吾，行动蹇滞，人每以大头呼之。始虽衣食充裕，继乃孤贫不堪。此即上停特异，失其平衡，过犹不及也。

② 长大，有广字之义存焉。

中)。余名与火星相同。

《相图秘旨》云：天中，在发际顶中处，故号天中。

鉴别　天中为贵之主宰，又主通达。丰满光润者，初年为官。平阔清洁者，远行得禄。骨起者富贵，缺陷者贫贱，又主刑狱横死。骨起如筋大，又复有棱者，当近圣人而为国师，非常格也。

额有横纹三条，为运势强盛之人。上纹曰天纹，中纹曰人纹，下纹曰地纹。天纹长而有势者，当得长上栽培。人纹长而有势者，多主本身建设。地纹长而有势者，应获部下赞襄。倘此三纹，如☲离卦之象者，定见火灾。如☵坎卦之象者，必遇水厄。不似卦象而有小纹乱积者，必为下贱之辈。妇人见此，不免丧夫克子。额上只见一道横纹者，兄弟不和，年老益贱。如见字纹者，必超群轶众，进爵加官。惟常人不宜见此。如见山字纹者，为官早达。若是俗人，又主孤寿。如见字纹者，人皆敬仰，为僧必高尚，在俗亦显扬，一生无灾无难。如见井字、十字、田字、一字、乙字、女字、纹者，亦主贵达富饶。如见形如仰月，形如牛角之纹者，还当荣膺极品。惟纹大凶，主破败祖业，远离乡井，虽有寿而骨肉无缘，且多险厄。纹主不能自立，一事无成，与妻亦难同处。纹即乱纹，或交差者，主奔波劳苦。

珊按：自天中至印堂，凡属上停，其纹理之吉凶，皆可作如是观。

黑痣之为物，[①] 多生妨碍。人之面部，虽如何发达，苟于部位中有一点，则彼部位之作用，即受打击。天中有痣者，既无孝心祀祖，又无诚意亲贤。男妨父母，女妨丈夫，其害不可胜言。若色黑如漆，色赤如硃者，尚善。带赤则主口舌斗竞，带白则主刑厄忧惊，带黄须防遗忘失脱，此大概也。

珊按：十五岁运行火星，十六岁运行天中。其气色红黄明润者，早岁优游。青黑暗滞者，少年困顿。

---

① 痣，音志，寘韵，皮肤上所生斑点，微突起者，黑色者最多，由于皮肤下深层之细胞内，存留多量之黑色素，血管在皮下破裂，乃生此痣。其赤色青色者，皆由小脉管肿涨而发。赤者属于动脉，青者属于静脉。

十七岁行运　日角

额部　在左额眉角之上，遥对天庭，专名（日角）。十二宫为（父母宫），解剖学为前头结节。

鉴别　父母宫，居日角月角之位。凡两亲身心俱泰者，则日月形势整齐，上下相称，无高低大小长短之弊。反此，必早与亲离，或另生枝节。若有黑痣缺陷，必为恶父母所生。恶色侵犯此部，两亲亦必有变故。至于日角偏者妨父，月角偏者妨母，尤当细察。

日角丰隆，光润而无破者，主早岁轩昂。若骨陷，或偏侧横狭者，非夭即贫。其色昏暗而薄促者，凶恶立见。

十八岁行运　月角

额部　在右额眉角之上，遥对天庭，专名（月角）。余名同上。

鉴别　日月角，充满洪直，骨肉起者，大贵。破陷瘢痕纹靥者，极贫。[①] 日月角，又为父母官。高耸明净，则父母遐龄。低塌倾斜，则父母早逝。此乃概论，还须详耳、额、眉、目等部决之，始无差误。

珊按：十七岁运行日角，十八岁运行月角。气色明亮者，不独父母康强，凡为皆顺。气色暗滞者，不独父母疾苦，凡为亦逆。

十九岁行运　天庭

额部　在前额面部正中，居第三位，天中之下，司空之上。左对日角，右对月角，专名（天庭）。解剖学为前头部。

---

① 瘢音槃，寒韵，俗读如班，疮痕、疮瘢也。靥，音厌，琰韵，面上靥子。

鉴别　天庭为贵品之部，平阔骨起者主官禄，且主少年荣达。若得两边日月角相应，其色光明红润，必为宰辅。如窄狭缺陷，乱纹纵横，则不免幼丧父母，早尝苦辛。见黑痣者克长上，且应火灾，青黑气者尤凶。

二十岁行运　辅骨

额部　在左额眉角之上，逼近发际，平对天中，专名（辅骨），一名（辅角）。六府为（上二府），解剖学为上顶部两侧。

《相图秘旨》云：辅角，在日月角旁。辅佐日月，故曰辅角。

鉴别　上二府，自辅角至天仓，[①] 形势充实。气色黄明者，主财禄瘢痕缺陷。气色黑晦者，主困蹇。

辅角骨起而气色明朗者，至贵。有黑痣，主兵死。无痣但微黑者，主亡官失职，亦主杀戮。赤色暴病，或主竞争。惟红黄畅达。

二十一岁行运　辅骨

额部　在右额眉角之上，逼近发际，平对天中，专名（辅骨），又名（辅角）。解剖学为前头部。

鉴别　辅角骨大，官职即大。辅角骨小，官职即小。惟必须气色悦泽，而无乱纹冲破者，始应。若缺陷昏暗，必主偃蹇，何官职之有哉！

珊按：十九岁运行天庭，二十岁运行左辅角，二十一岁运行右辅角。其气色红黄莹洁者，名腾业广。青黑昏沈者，祸至灾临。

---

① 即山林。

二十二岁行运　司空

额部　在前额面部正中，居第四位。天庭之下，印堂之上，专名（司空），一名（司徒）。解剖学为前头部。

鉴别　司空最喜平正，若骨起而光泽者，大贵，色恶者多惊。痕破纹侵，及有黑痣黑子者，皆非吉兆。赤气现于司空，复下贯印堂者，主百日内凶死，红轻者不妨。黄明者，凡为皆遂。

二十三岁行运　边城

额部　在左角眉梢之上，逼近发际，[①] 遥对天庭，专名（边城），一名（边地）。解剖学为前头部颞颥线。

鉴别　边城有骨隆起者，贵显，或主武职建功。若见如云行日上之赤色者，主远行遂志。敧危陷凹者，为仆使劳役。有黑气如烟如雾，或见黑子而色恶者，不论男女，皆主客亡，否则必有凶事远来。若只暗滞而不黑者，但恐远行之际，发生疾病劫耗而已。

二十四岁行运　边城

额部　在右额眉梢之上，逼近发际，遥对天庭，专名（边城），一名（边地）。解剖学为前头部颞颥线。

《相图秘旨》云：边城者，边地之城也。在额角发际之旁，于头称边城，于面称边地。

鉴别　左边城，至右边城，如有横直之纹，形似刀痕者，为额道纹。

① 即山林上，外侧部。

只须别无纹理冲破，定为军帅大将。若边地、山林两部，均丰满光润，尤应雄飞。假使头尖顶削，边城坑陷，再见黑痣黑子者，主父母无力，非贫则贱。如远游，更危险。

二十五岁行运　中正

额部　在前额面部正中，居第五位，司空之下，印堂之上，专名（中正）。十二宫为（官禄宫），解剖学为前头部。

鉴别　官禄宫，居司空之下，印堂之上，中正之位，主职业。换言之，即天爵也。何则？以此宫光润平满，莹净无痕，其人必不屈不挠，功名顺畅，又易为长上所汲引。反此，则职业屡更，如见痣疵，[1] 更应轗轲不遇。虽有学问，亦无所措施；虽有财产，亦难免破败。所以此宫表彰人之一生运命，十二宫中，最为重要者也。古诗云：“官禄荣宫仔细详。山根仓库要相当。忽然莹净无痕点。定卜官高贵久长。”观于此，不仅要中正莹净；即山根、仓库，亦必须相称，乃为完美。

中正如广阔骨起，气色明润者，必主富贵。缺陷而见黑子者，多经挫折。如见瘢痕纹破，又不免横事官非也。

二十六岁行运　丘陵

额部　在左额眉梢上角，逼近发际，遥对中正，专名（丘陵），解剖学为前头部。云谷山人云：“丘陵、冢墓，在山林下一寸许，取象坟穴。”盖建墓于山林之内，故不能高于山林部位也。

鉴别　丘陵隆起，气色明朗者，非贵即富。若低陷色恶，既无决断能力，尤少发展希望。

---

① 疵音慈，支韵，黑病也。

二十七岁行运　丘陵

额部　在右额眉梢上角，逼近发际，遥对中正，专名（丘陵），旧名（冢墓）。余名同上。

珊按：兹改冢墓，亦为丘陵者，盖取左右一律，免致参差。至丘陵、冢墓，意义正复相同，似不必区而别之也。

鉴别　丘陵隆起而光泽者，主得庇荫之福，子孙亦蕃衍非常。若破陷倾侧而见黑子者，必主伤亡贫乏。

珊按：二十六岁，运行左丘陵；二十七岁，运行右丘陵。其气色最忌重红深赤，微见青色不妨。如见黄明，则头头是道，所作皆成矣。

二十八岁行运　印堂

眉部　在前额面部正中，居第六位，即中正之下，两眉中央，山根之上，专名（印堂），一名（明堂）。十二宫为（命宫），解剖学为颞颥部眉间。

鉴别　命宫乃天命自然之宫，为吾人元气精神凝集之地，又为脑髓之表出器也。命宫美者，得天独厚，脑髓必优。命宫污者，得天既薄，脑髓必劣。凡命宫圆满如镜者，定卜天性强健。苟志于学，靡不成功，而寿命亦长。命宫郁抑纹破者，不免时抱悲观，所如辄阻，而寿命亦短。古诗云："眉眼中央是命宫，光明莹净学须通。若还纹理多迍滞，破尽家财及祖宗。"此之谓也。

印堂圆阔，颧骨高耸，呼聚喝散，任重操权。如有伏犀骨贯入印堂者，若在科举时代，其为鼎中传胪之士，更无疑义。即骨无伏犀，只须圆阔丰满，亦当康健聪明，无论从事何业，均可迈众轶群。若狭窄而污，职业屡更，成功卒鲜。他如印堂倾侧，山根折断，鱼尾低凹，仓库缺陷，额角尖塌，眉头交锁，腮骨少髯者，定主多成多败，妻子难为，皆不足取矣。

十字纹、天字纹、王字纹见于印堂者，主手握重兵。惟见八字纹及川字纹者，虽主大寿，不免辛劳。[①] 至于印堂之有三横纹，或井字纹者，欧人谓此乃正义之表彰，尝引美总统林肯氏为例。其实此处纹理、整洁显露者，必主处事明断，赋性侠义，堪为豪杰之士。若在二十五六岁、发现此纹，则主多遭危难，反不相宜。我国古书尝言之，非欧人所发明也。

黑痣见于印堂者，男主争讼，女主妨夫，殊属不利。然亦有灵敏过人之处，每见教育家、宗教家、印堂发见黑痣，竟获相当信誉。此种经验，不可不知。

印堂气色红黄者，诸大吉祥。如连及准头而又明亮，则名利更优。若青黑暗晦，见诸印堂，公私交迫，灾害丛生，亟宜慎重。总之，吉凶未至，其气色先从印堂准头而发，亦从印堂准头而退。欲预知休咎者，务宜留意及之。

二十九岁行运　山林

眉部　在前额左眉角上，边城右下，遥对司空，专名（山林），一名（天仓），一名（福堂），一名（驿马）。六府为（上二府），十二宫为（迁移宫）。解剖学为顶侧部颞颥叶。

云谷山人云：何谓山林？其部位在头角耸突之处，约耳上二寸许，骨高号山，发密为林，主风水也。

鉴别　迁移宫，在辅骨斜下，眉梢直斜向上，谓之天仓、福堂，又谓之驿马及上二府，其意义纯主迁移变化。福堂、上府绮丽无破者，家门清泰，不致滥动；若高低倾侧，势必屡易厥居。是以古人以此窥迁移动静，及旅行变化之事也。世之频好迁居旅行者，驿马、天仓之肉，必极饱满。若再色泽光明，其为往无不利可知。反此，则动辄得咎，不如降心守分，

---

① 纹理发现之时期，大都在三十岁前后。若到四十岁左右而额部平坦如板，尚无些微纹理，其人必懦弱无能，反不足取也。

避免种种损失也。古诗云："迁移宫分在天仓，低陷平生少住场。驿马黄明复有彩，定因游宦胜家乡。"证以上文，愈觉明显矣。山林阔而丰者，主得志贵游。狭而陷者，主破祖离家。女人尤忌。若形势崇隆，气色明亮，主高尚大雅、悦逸宽宏。

三十岁行运　山林

眉部　在前额右眉角上，边城左下，遥对司空，专名（山林）。余名同上。解剖学为顶侧部颞颥叶。

鉴别　山林丰满而有光泽者，志趣高超，谋为畅适。破损者，一世操劳，终少成绩。坑陷者贫贱，色恶者至凶，见黑痣者更否。

三十一岁行运　凌云

眉部　在左眉右角之上。中正左侧。专名（凌云）。五官为（保寿官）。六曜为（罗睺）。十二宫为（兄弟宫）。解剖学为前头部颞颥线。

《相图秘旨》云：凌云、紫气，在眉端耸突处。盖取其气如凌云，圆如紫气也。

鉴别　眉为人类所独有，动物所无。犬猫之属，虽有一二类似者，然皆不甚完整。动物之阶级愈下，眉之痕迹愈稀。故以眉毛之美丑厚薄，可以分动物阶级之高下。人为万物之灵，其性情何如，阶级何如，皆可于眉毛觇之。古人以眉为保寿之官，谓为宽广清长，双分入鬓；或如悬犀新月之样，首尾丰盈，高居额中，乃为保寿官成。

罗睺居于左眉，计都居于右眉。古歌云："罗睺须要长，长者食天仓。计都须要齐，齐者有妻儿。"观于此，可见眉宜长而忌短，眉宜齐而忌乱也。

兄弟宫，位居两眉。以狭义言之，仅指兄弟姊妹。推而广之，及于亲族。更推而广之，即有四海兄弟之意。兄弟宫属眉，故兄弟缘分，一如眉毛焉。脑髓善，则眉毛自能完整美备。更申言之，眉如新月盖眼者，兄弟众多，友爱亦笃。友爱既笃，城府自少。城府既少，交处自易，而心境亦愉快，协力同心，共谋幸福，未有不事半功倍者。若短粗压眼，或交连黄薄，非惟雁侣稀疏，中多刑克，即有兄弟，亦不能合作，遑论亲族雍睦，朋友匡掖者哉！古诗云："眉为兄弟软清长，兄弟生成四五张。两样不齐须异母，交连黄薄送他乡。"两样不齐者，指两眉有长短高下也。交连，指两眉相促言。黄指颜色，薄指稀疏言。此皆指兄弟卒少，或各奔东西也。凌云之眉，男子较粗，女子较细，此为常理。眉粗者其量大，眉细者其心小。盖男女性之表彰，一以宏大，一以美丽，各有所归。男生女眉，则性如妇女。女生男眉，其性必类男人。眉毛入鬓者，其为位置居高可知，是以贵显超群。眉毛向上竖者，残忍性成，虽有智勇，易损阴德，且必有一度大险。此与眉毛入鬓、位置居高者，似同实异，须细辨之。眉毛向下垂者，胆小性懦。眉毛逆生者，灾多害大。眉骨高者，有勇气，苟习一艺，必胜寻常，惟性傲是其所短，若稍存涵养则善矣。眉头有乱毛者，终岁劳役，背井离乡。眉头低而尾高者，犯上欺尊。眉有三角者，不孝不义。眉如八字，柔软压眼者，多忧多愁。眉毛稀薄，男主奸伪，女主夫贫，子嗣亦乏。眉毛粗黑，眼圆光露，虽出身富有，难免盗窃行为。眉毛中突生一二条最长者，谓之寿毫，四十岁前，不宜有此。其毫梢向上者，主克妻丧子。其毫端卷缩者，主后嗣无缘。其毫梢向下而特长者，主康宁寿考。眉毛浓者，须要鬓浓、须浓，谓之三浓。眉毛稀者，须要鬓稀、须稀，谓之三稀。上下相应，形势可观，亦主福寿攸同。

乱纹生于眉上者，智慧不足，虽有衣食，无大发展。横纹生于眉上者，主无子老贫，更不足道。

黑痣生于眉内者，品格自高，贵相也。黑痣如漆者，智虑有余，享用亦足。若见灰色，主亲戚兄弟中，有横死者。眉内有疵，亦主兄弟刑克，否则彼此参商。

三十二岁行运　凌云

眉部　在右眉左角之上，中正右侧，专名（凌云），旧名（紫气），此与“印堂一名紫气”有别。解剖学为前头部，颞颥线。余名同上。

珊按：兹改“紫气亦为凌云”者，固取左右一律，不致参差，且免与“印堂一名紫气”相混也。

鉴别　眉长于目者，既多富贵，尤主聪明。眉短于目者，既鲜兄弟，且主薄情。眉棱骨耸峻者，倔强杰傲人也。眉棱骨平塌者，志气卑劣人也。眉毛粗浓浊厚者，秉性愚顽。眉毛脱落稀疏者，财物损失。眉毛侵入印堂者，寿命不至四旬，又主穷困。眉毛左有旋纹者妨父，右有旋纹者妨母。眉头交错，早孤受苦，兄弟固少，妻更难偕。

三十三岁行运　繁霞

眉部　在左眉湾弓之中专名（繁霞）。解剖学为前头部，颞颥线。余名同上。《相图秘旨》云：“眼目如日月，最宜光明，惟霞可助其耀。”左右宜名繁霞，不必分左彩右繁也。

鉴别　眉细弓湾，或生黑子，必多文艺。眉直头昂，大都勇敢。眉生阵云，好杀，主从军立名。眉毛疏散，耗财，主劳力资生。眉毛赤旋，子必当权。两角下垂，宛如覆月者，有才无断，虽为人师，不能显达。

三十四岁行运　繁霞

眉部　在右眉湾弓之中，专名（繁霞），旧名（彩霞）。解剖学为前头部，颞颥线。余名同上。

珊按：兹改“彩霞亦为繁霞”，固取左右一律，免致参差。夫古人定名于“霞”字上，冠以“繁”字，盖取其美茂之义。“霞”字上，冠以“彩”字，亦不过形容霞有光彩而已。今既繁而美茂，其霞未有不光彩者，何必歧而二之。

鉴别　眉欲疏而秀，平而阔，主智信仁义，早获荣名。秀而长者，主聪明练达，堪任繁剧。有光彩者，发迹尤速。眉骨太露者，六亲不和。眉蹙而愁者孤独，眉短不覆眼者乏财。粗浓者愚，压眼者贫。斜生卓上者豪强，角高梢低者庸懦。

珊按：三十一岁行左凌云，三十二岁行右凌云，三十三岁行左繁霞，三十四岁行右繁霞。凡眉内色见红紫，主握大权。极白而亮者，亦主亨通。惟白如点珠者，主兄弟忧丧。

三十五岁行运　太阳

眼部　在左眼右角，专名（太阳）。五官为（鉴察官），五渎为（河渎），四学堂为（官学堂），十二宫为（田宅宫），眼尾为（妻妾宫），泪堂为（男女宫）。一名（龙宫），又为（阴德宫），即阴骘纹发现之处。解剖学为前头叶下部。

鉴别　父母之善恶，与遗传之优劣，皆可于眼征之。眼之善者，其父母必善，遗传性多优。眼之恶者，其父母必恶，遗传性多劣。观眼之何如，固可知其父母，考其遗传。若再参证两耳，非惟识其未生之状况，并可推其生后之荣枯也。

眼者，身之日月也。左眼为日，父象。右眼为月，母象。寐则神处于心，寤则神依于眼，是眼为神之游息宫也。①

眼为监察之官，须要含藏不露，黑白分明，瞳子端定，光彩射人，或细长极寸，始为监察官成。

河渎，属之二目，深则寿永，长则贵显；光则聪明，浅则短命；昏则

---

①　寐，音媚，寘韵。卧也，俗所谓睡者也，昧也。目闭神藏，又眠而无知曰寐。坐寐曰睡，不脱冠裳而眠曰假寐。寤，音误，遇韵。寐觉而有言，曰寤。《诗》云：“独寐寤言。”

多滞，圆则多夭；不大不小，斯为上乘。

妻妾宫，位在两眼之尾，向有三四线纹，谓之鱼尾。由鱼尾以至横发，谓之奸门，主婚姻夫妇之事。奸门、鱼尾色泽圆满丰广者，男得贤妇，女配良人，相敬如宾，其乐无极。鱼尾焦黑，或有立纹如十字者，夫妇无缘，势必反目，或夫攘妻，或妻妨夫。若再有疵痣伤痕，更难期其偕老。鱼尾纹多者，情欲最盛。始虽假作庄肃，终必丑态毕露，鱼尾之肉倾陷者复如是。世有女子破人之产，败人之家者，其奸门纵无缺陷痣疵，亦必血色污浊，或雀斑烂缦。盖由于其心卑鄙，所行不洁，有以致之也。书云："奸门光润无纹，必保妻全四德。鱼尾丰隆平满，娶妻财帛盈箱。奸门深陷，常作新郎。鱼尾纹多，妻防恶死。"古诗云："奸门光泽保妻宫，财帛盈箱见始终。若是奸门生暗黪，斜纹黑痣荡淫奔。"此数语，可谓要言不烦也。

田宅宫，位居两眼之上，眉与眼之间。丰广有肉者，主得庇荫，业广家肥。狭隘无肉者，反是。旧法注重在眼，不以眼上论。赤目侵睛者，至老困穷。眼如点漆者，终身丰富。阴阳枯陷，莫保田园。[①] 火眼冰轮，必倾肤舍。此又不可不知。古诗云："眼为田宅主其宫，清秀分明一样同。若是阴阳枯更露，父母家财总是空。"简明切要。论田宅宫者，岂可忽之？

男女宫，在两眼之下，即下眼睑，名曰泪堂，又名阴德宫，即阴骘纹发现之处，属肾经。三阳三阴，位宜丰厚，最忌枯陷。左三阳枯陷者，损子。右三阴枯陷者，损女。左眼下有卧蚕者，生贵子。右眼下有卧蚕者，生贤女。[②] 无论男妇，凡眼下无肉者，须防子女刑伤，否则无缘。古诗云："男女三阳起卧蚕，莹然光彩好儿郎。悬针乱理来侵位，宿债平生不可当。"读此可见悬针乱纹，为男女宫所最忌，不可不察。

太阳之眼，为心之窗牖。窥察其眼，则其人之精神状态，悉可知矣。眼波细长，黑白分明，瞳孔虹彩，均无一点瑕疵，而又神清气秀者，斯为上品。多白眼，俗称三白眼、四白眼，开目见白，或黑睛周围，现有白色者，皆为极恶之相。若三白而大，不遭诛戮，必罹水难。四白而大，时弑

① 阴谓太阴、中阴、少阴，阳谓太阳、中阳、少阳。

② 双眼之下，有一条高弦，名曰卧蚕。

君父。古今来所谓英雄豪杰，其带有上述两种眼者，不一其人。项羽之两目重瞳，大约是虹彩膜中，生有黑痣，其为多白眼也，更无疑义。此外如亚历山大王、该撒、拿破仑、并德废皇维廉第二，皆属斯类，而斜视亦居其一焉。

纹理近眼者，其吉凶迥异，不可不辨。凡眼细神藏、上下所现之纹、单纯而长者，其人必性静心慈，造福大众，名垂不朽，左券先操。眼细而长、神光不露、上下所现之纹、略多而不乱者，其人必修仁尚义，心地光明，一生富贵，子孙繁衍。虽为俗人，亦必以学术技能名于世。眼之外眦、鱼尾纹差池者，主倔强偾事，易遭险难，劳苦孤贫，终鲜结果。鱼尾纹长达奸门者，主迁徙无常，妻难偕老，外观虽好，内实淫乱。眼之外角下，纹现交叉重叠者，若不自杀，即与妻子无缘。两眼之上，见三撇纹理者，必主横死。两眼外角之下，见川字纹理者，大都犯上，又主克妻丧子。见三捺纹理者，即使家业丰富，亦必背井离乡。见三画微曲之纹理者，主作事破败，夫妇离异。纹理纷乱，侵及泪堂；或两重横纹，叠见于目下者，主有假子，或招义女，晚应贫穷。若斜纹黑痣，丛集于泪堂者，虽有子孙，老必伤克。

黄色环绕龙宫及鱼尾者，名曰阴骘纹，[①] 主有阴德济人之事，必获善报。若泪堂之气色见青者，妇主产厄，或主生女。黑白者主子女悲哀，红黄者主喜庆生子。

痣在泪堂，与子女无缘。痣在鱼尾，主一再断弦。

三十六岁行运　太阴

眼部　在右眼左角，专名（太阴）。解剖学为前头叶下部。余名同上。

鉴别　太阴在右眼左角，精光卓然，含藏不露者，富贵；秀而深长者，寿考；浮而露睛者，夭折；大而凸、圆而怒者，促龄；凶暴流视者，

① 眼之大角为龙宫，小角为鱼尾，中心有光照人者为瞳子。瞳子四周黑色而圆者为眼睛，眼睛四周白色者为眼白。

淫盗；眊斜偏视者，邪僻；前角形如曲钩者，机深智足，善规划，能营运，多主赫奕。

三十七岁行运　中阳

眼部　在左眼中部，专名（中阳）。解剖学为前头叶下部。余名同上。

鉴别　中阳之眼，光明秀媚者，主性灵德厚；神静不流者，主福备寿长。神定不怯者，正直；虎视有威者，贵崇；斜视急转者，奸邪。黑睛大而又端凝者，康强；黑睛正而朝鼻准者，和慎。如羊者，性狠；眼如蛇者，心毒。总之，眼不欲怒，缕不欲赤，白不欲多，黑不欲少，视不欲偏，神不欲困，眩不欲滞，光不欲流。其或圆小短深者，皆不令之质也。若分晰言之，眼大不露，炯然射人而有威严者，[①] 必为将相。若在仕宦，亦主有权有势。常人如此，反主毁败祖业，又主克妻。眼睛具车轮形者，名曰鸡眼，恶相也，常好杀生，主横死，又主丧妻无子。眼睛色赤，形如火轮，或色青而见车轮者，非弑其亲，亦必自杀横死。眼睛有如粟粒之形者，运蹇亲离。眼中瞳人下坠，不居正中者，谓之贼眼，巧于作事，心不善良。眼角有赤脉入睛者，主有大灾。若赤脉势强，由睛贯瞳，其凶间不容发，尤须慎重。赤脉虽起，由睛渐消，眼势亦不甚恶，则危难可免。眼白中有黑痣者，多败祖业，一事无成。眼睛小，四方露白者，为四白眼，大逆不道，极凶。眼睛下垂，左右眦及睛上见白者，为上三白眼，出言伤人，为僧亦与徒无缘。眼睛上注，左右眦及睛下见白者，为下三白眼，虎狼性成，必多险难。妇人若此，虽不杀夫，亦必离异，或主产前产后惊难。

① 炯，音迥，迥韵，明也。

三十八岁行运　中阴

眼部　在右眼中部，专名（中阴）。解剖学为前头叶下部。余名同上。

鉴别　中阴之眼，若是男子，以神旺为福，女子以和惠为贵。视远者聪明逾恒，视近者昆仲不协，视下者奸险可畏，视平者德行优美，视专者狠毒非常。视反者贼叛，视流者奸淫，视注者愚蠢。开目而寝，必遭横死。瞬目不定，尽出虚言。泪堂平满者，多乐少忧。泪堂有纹如一字者，作事公正。凡此种种，毫厘千里，必须与大阳、中阳、少阳、太阳、少阴等，合而观之，始无差忒。

三十九岁行运　少阳

眼部　在左眼左角。即左眼梢。专名（少阳）。左眼左角、即外眦。一名（鱼尾）。又名（奸门）。十二宫为（妻妾宫）。解剖学为前头叶下部。余名同上。

鉴别　少阳在左眼之梢。固以细长为贵。然自其大体言之。眼大者胆大。其事业亦因之而大。胆小者反是。眼大者，男易为女所爱。女易为男所钟。而每见失败。目有三角者，刚而好嗔。闭目而后语者，贫而多厄。妇人目光锐者，克夫。眼艳者淫乱。双眶眼长而眼尾有皱者，或外遇，或夭亡。是皆小脑变态有以致之也。妻妾宫、居两眼外眦。既名鱼尾。又名奸门。丰满光润。不见纹痕者，妻贤财阜。必可同谐。纹乱痣见、低陷暗晦者，弦断再续。或主恋爱贪淫。

四十岁行运　少阴

眼部　在右眼右角，即右眼梢，专名（少阴）。右眼右角，即外眦，一名（鱼尾），又名（奸门）。十二宫为（妻妾宫），解剖学为前头叶下部。余名同上。

鉴别　少阴在右眼之梢。平如刀截者，主聪明，多才俊，文章赫奕，不同寻常。目圆无角者，作事拙错，每贻后悔。眼尾两角垂下者，主亲人离别，或主不和。赤脉由眼尾起而深入于瞳中者，必有大难。至妻妾宫何如，详见于三十五岁部位中。兹不赘述。

珊按：三十五岁运行太阳，三十六岁运行太阴，三十七岁运行中阳，三十八岁运行中阴，三十九岁运行少阳，四十岁运行少阴，其上下左右之气色，均以紫红明润为妙，青黑枯暗大忌。

四十一岁行运　山根

鼻部　在鼻梁之上，专名（山根）。三停为（中停），六曜为（月孛），十二宫为（疾厄宫），解剖学为颞颥部眉间。

云谷山人云：山根，居印堂之下，如山之来脉，上接额之南岳，中接鼻准之中岳。故谓之山根。

鉴别　中停者，自鼻之上部，由山根至鼻之准头是也。欧人谓中部司气力，与我国相学，谓中停主我司中年，不谋而合。凡颅顶叶发达者，中停必大，具有自尊自信之能力，作事每能冒险，亦多成功。惟嫌赋性傲慢，亦是其短。倘中停过于渺小，断难独立，唯唯诺诺，供人气指颐使而已。甚者游惰成性，终日昏昏，更不足道。《经》云“中停长大近君王”，可见中停短小者，皆庸碌之辈，岂能有所建树哉！月孛与疾病宫，其位置皆在山根两眼之间，上自印堂，下至年上寿上，丰隆光泽者，主意志坚强，根基巩固，凡百施为，莫不遂愿。若低陷狭小屈折，及有黑痣瘢痕者，既少根基，又无耐性，虽屡变目的，亦难收美满效果。山根又主住所，及家族吉凶。人之生也，与忧患俱来，灾厄疾病，断难尽免。先贤置疾厄宫于此者，使人知所戒惧也。如果山根丰隆，虽遭疾厄，亦可安渡。若凹陷痣痕，无论生自先天后天，灾晦缠绵，家财破耗，在在可虑。古诗云：“月孛须要直，直者丰衣食。”又云：“山根疾厄起平平，一世无灾祸不生。若值纹痕并缺陷，空劳辛苦业难成。”亦即此义。

山根宜高耸，不宜低折。若鼻梁不斜曲，而常常莹润者，主男得贤妻，女得俊夫，富贵寿考，兼而有之。山根连额，鼻梁隆隆而起与额平者，主位至三公；山根蹙折、鼻梁促小倾陷者，贫无立锥，身难安逸。山根枯暗、鼻梁无肉者，只知利己，不惜损人。山根不陷主寿康，山根斜曲主宫讼。

悬纹三道见于山根者，男多妨妇，女恐私情。痣在鼻上，损耗连年。痣在山根，风尘劳攘。夫再娶，妇改嫁，又常患胃病。痣在年上寿上，体质不强，磨难甚大。痣在准头，贪女色，受女害。如是妇人，又主为夫劳苦，不得夫力。

四十二岁行运　精舍

鼻部　在鼻梁之左，年上寿上之傍，专名（精舍），一名（仙舍）。解剖学为颇顶部鼻背。余名同上。

《相图秘旨》云：精舍、光殿，护两眼之眶也。眼浅则左右如光殿，其光露也。眼深则左右如精舍，其神藏也。

鉴别　精舍在鼻边。若无媚态，为人憨蠢。果其明净，作事抗爽。惟鼻柱陷薄者，须防疾病麻烦。

四十三岁行运　精舍

鼻部　左鼻梁之右，年上寿上之傍，专名（精舍），旧名（光殿），一名（香田）。解剖学为颇顶部鼻背。余名同上。

珊按：兹改“光殿亦为精舍”，取其左右一律，免致参差。盖精舍乃精美之屋舍，光殿乃光明之殿宇。[1] 顾名思义，似异实同，何必歧而二之，

① 《相图秘旨》以光露喻光殿，神藏喻精舍，尚嫌不确。

徒乱人意。不宁惟是，证以上停之辅骨、边城、山林、凌云，中停之附耳、颧骨，下停之法令、仙库、金缕、地库，可见先贤定名，亦未尝不左右相同也。

鉴别　精舍光明，为人干练。既无忧疑之弊，必获敏捷之功。

珊按：左右二精舍，红黄光泽者，攸往咸宜；青黑枯白者，动辄得咎。

四十四岁行运　年上

鼻部　在鼻梁之中，专名（年上），又名（怪部）。解剖学为颅顶部鼻根。余名同上。

鉴别　年上、寿上，皆在于鼻，主寿之长短。凡黄明丰起者，不富贵则康强；黑暗薄弱者，不贫贱则夭亡。隆起有梁、坚而有骨者，寿征。斜曲不直、软而少骨者，非惟乏财少寿，且恐争讼生灾。若年上有立骨而无薄肉，虽生子而无子，或迎他人之子为子，即运途亦多险恶。如是妇人，更应艰苦。

珊按：年上、寿上、准头、兰台等，在十二宫，皆为财帛宫。其得失何如，详见准头。兹不赘述。

四十五岁行运　寿上

鼻部　在鼻梁之中，年上之下，专名（寿上），又名（怪部）。解剖学为颅顶部鼻根。余名同上。

鉴别　寿上与年上，同在鼻梁之中。梁柱正直相应者，人必忠孝。曲斜而不相应者，人必邪淫。鼻狭而高，老无昆仲。鼻如左曲，当先妨父。鼻如右曲，当先妨母。鼻长智长，鼻短智短。鼻梁直立，如有节者，一生必有一次大败。妇人有此，定适病夫。色恶为发病之兆，或为运蹇之征。黄明则从心所欲，黑暗则左绌右支，此又不可忽视也。

横纹生于年上、寿上者，主克子。黑痣生于年上、寿上者，主体弱多病，尤恐女难。

四十六岁行运　左颧

颧部　在左面之颧，专名（左颧）。五岳为（东岳），六府为（中二府）。解剖学为颅顶部。

鉴别　东岳泰山，属之左颧；西岳华山，属之右颧。中二府，属左右两颧。若倾侧无势，则心无慈爱，而多毒恶。若圆满充实，无缺陷瘢痕者，主望重财丰，决非寻常人也。

左颧东岳，右颧西岳。东西二岳，如果丰隆朝揖，无倚无偏，不低不高，而又与鼻之中岳，宾主相称，情致缠绵，其为人材轶众，富贵兼优无疑。若倾侧低陷，心无慈爱，人必奸邪，何有于富贵哉！至于颧骨与肉横生者，性尤凶暴，祸每不测。论气色，红黄者，事无不举；青黑者，灾必飞来。男主官讼，女主产厄，尤验。

四十七岁行运　右颧

颧骨　在右面之颧，专名（右颧）。五岳为（西岳），六府为（中二府）。余名同上。

鉴别　右颧为西岳华山，左颧为东岳泰山，当与鼻之中岳嵩山，仔细参观，以定吉凶。若论气色，年少者，红明最佳；年老者，黄润亦妙。痣在颧骨，权利为人所夺，屡屡吃亏，究不失为长者。

四十八岁行运　准头

鼻部　在鼻端，即鼻尖，专名（准头）。五官为（审辨官），三才为

（人才），五星为（土星），五岳为（中岳），四渎为（济渎），十二宫为（财帛宫）。解剖学为颁顶部鼻尖。

鉴别　鼻为审辨之官，辨别薰莸，吐纳气息，乃肺之灵苗。故肺虚则鼻通，肺实则鼻寒也。不宁惟是，鼻之为物，又与脊髓相联络，其关系极深。鼻形挺直整肃者，脊髓亦挺直整肃；鼻髓湾曲者，脊髓亦湾曲，一如其鼻。脊髓与延髓骨相接，而延髓骨复与强硬性相接，故鼻主自尊性、强硬性。人之姿势动作，一如其鼻。故鼻以气色光润，丰隆有肉，不高不低，山根耸，准头红，鼻梁不偏不曲，鼻孔不露不昂，又得左右兰台二部相应，斯为上品。果如此，其人必忠孝节义，恺悌慈祥，纵非至尊，亦必显贵也。

人才，属鼻，为我。以颧骨为他人，为世间。额为长上，颐为下辈及住所。盖鼻在面部之中，最为重要。入夜虽寝，亦司呼吸，未尝有须臾休息也。古书谓“鼻为人才，欲旺而齐”，名曰“有人者寿”，盖有深意存焉。

土星与中岳嵩山，位居鼻上。古人以鼻为土星，土须润泽，山须崇隆，始可万物发育，宝藏丰盈，故主富达。摩祖云：“问富在鼻。”《经》云：“土星须要厚，厚者得长寿。”又云：“中岳要高隆，声明达九重。”若薄而无势，则四岳无主，纵别有好处，亦难大贵，且无严威主权，其寿亦不甚高。假如尖薄，到老均难称意。

济渎在鼻之二窍，即左右仙库，居兰台之下，要丰隆光润，不破不露，则家必富饶。若再明而兼秀，非惟财帛有余，即职权亦超越寻常。惟窍小色滞者，主不令。

财帛宫在鼻，何则？人生最要者，衣食住而已。盖鼻为土星，不独土能生金谓之财，而土又为万物之母，无土则不足以生万物。无万物，则衣食住三者，无所取材。故先贤定位，以财帛宫属之于鼻。是以鼻部完美者，方有财气。有财气而后衣食住三者，皆可充裕，不求富贵而富贵在其中矣。若鼻小而曲，或太高太低，或色泽赤黑，痣疵纹皱，种种障碍，非惟无财气可言，无富贵可求，而是非烦恼，疾病伤亡之事，且恐纷至沓来也。古诗云：“鼻主财星莹若隆，两边厨灶莫教空。仰露家无柴与米，地阁相朝甲柜丰。”观于此，可见财帛宫之得势，不仅要准头莹净崇隆，还须两边厨灶不空，地阁相朝，甲柜丰盈，始为尽善。[1]

准头形状，只宜崇隆，最忌纤细。圆如破弹者贵，湾如鹰嘴者毒，长如截筒者多信义，秃如悬胆者多财帛，齐如芰藕者多淫贱。丰厚者慈祥，尖细者奸狡，扁低者胆怯，薄塌者志卑，瘢痕者短寿。瑕分者鲜仁，且妨妻子。窍露者好淫，还恐贫穷。孔仰者非夭则孤，鼻长而色红者富贵。鼻短而仰促者困难，鳖鼻者贫而贪淫。虎鼻者武而大贵，惟主兵死。准头至年上寿上，立纹多者，其人诡诈百出，虽亲如父子，亦不同心。若是女人，难为眷属。准头既小，又有纵理横理及皱纹者，子嗣既艰。境遇亦困。至于痣疵见于鼻者，不啻金库中之有小穴，收入虽富，存储甚难。痣应为人负累，疵则自遭失败，不独见于鼻者如此，即颜面全部见之，亦莫不如此。天然者固无论矣，即后天伤痕，亦当作如是观。盖痣疵影响于人之神经，更由头部传染于中枢，不免妨碍之也。皱纹亦同。

四十九岁行运　兰台

鼻部　在鼻之左孔，专名（兰台）。一名（仓库），一名（井灶），一名（金柜），一名（甲柜）。解剖学为颇顶部鼻翼。

鉴别　左兰台，在鼻之准头左翼，属十二宫财帛宫范围之内，是以有仓库、井灶、金柜、甲柜、种种名称，皆取其收藏财帛之义。《经》谓“准头圆正，而兰台廷尉，又皆方大，主聪明轶众，富贵非常。”[2] 鼻孔生黑子者，固差；鼻孔仰生者，尤主客亡。

五十岁行运　兰台

鼻部　在鼻之右孔，专名（兰台），旧名（廷尉）。解剖学为颇顶部鼻

① 厨灶、仓库、金柜、甲柜，即左右之兰台，名异实同。

② 廷尉、今改为右兰台。

翼。余名同上。

鉴别　右兰台在鼻之准头右翼，与左兰台交拱准头，并无左高右低。右大左小，及痣疵皱纹之弊，而又气色黄明，不犯青黑暗晦，此诚上格。然若无鼻孔下左右仙库以协助之，仍不免于孤独。即使准头高耸有肉，而左右兰台，不能相副者，财虽较丰，子亦稀少耳。

珊按：兰台，乃汉藏秘书之宫观，以御史中丞掌之，与至尊相近。鼻准，乃至尊之位，左右鼻翼，名之兰台，于义颇合，何必又另置廷尉，致惹纷扰。兹特正而删之。

五十一岁行运　人中

唇部　在鼻柱下，迄至上唇正中，专名（人中）。一名（沟洫），一名（子庭），一名（寿堂）。三停为（下停），三才为（地才）。解剖学为后头部口唇沟。

鉴别　下停与地才所属，自鼻之下沟，即由人中至颚之下部，所谓地阁是也。欧人谓下部司爱情，凡后头叶发达者，下停必宽，爱情必深，妻子既完美，晚福亦崇隆。若过于宽大，则情欲倍盛，好色贪淫，不守礼法。太小，则又对于家族观念，非常薄弱，究其极，竟成为孤独人也。先哲云：人中之长短，可以验寿命之长短，故一名寿堂。人中之广狭，可断男女之多少，故一名子庭。又谓唇欲厚而不欲薄，口欲正而不欲偏。齿欲大而密，长而直，多而白；颚欲丰隆，不欲尖削。爱情浓淡，品行邪正，家族状况，晚景荣枯，均可于此下停数部征之。《经》云："下停长大，老年吉祥。"长大，有宽字之义在焉。又云："颏为地，欲方而阔"，名曰"有地者富"。我国相学，谓下停主下辈，司晚年。证以欧人之言，实如出一辙也。

人中具沟洫之象，疏通则水流而不壅滞，故名沟洫。细而狭者，衣食逼迫；满而平者，灾耗迍邅。上狭下广者，主辛勤，幼困老荣，且多子孙。上广下狭者，主奸巧，早荣晚孤，终无儿媳。上下俱狭而中心阔者，子息疾苦而难成。上下俱直而中心深者，哲嗣满堂。上下平而浅者，子息不生。深而长者，为人正直，主寿长。浅而短者，为人淫贱，主夭亡。人中屈曲者，为人虚伪。人中端直者，为人忠信。人中漫漫平而无者，是谓倾陷，主作事荒怠，至老无儿。正而垂者富寿，蹇而缩者贫夭。明如破竹者，高官厚禄。细如悬针者，绝子素餐。微如一线之絣者，客死。人中之上有黑子者，多子。人中之下有黑子者，多女。人中之中有黑子者，娶妻易而养儿难。有两黑子者，主双生。有靥者，舌必有靥相应。男主财喜，女主产厄。有纵横纹理者，男主奸恶，女主孤独。纹理交加者，主水灾。纹理斜立者，主无义，又主养异姓之子。

人中须歁，财帛聚散不常。人中须乱逆旋，晚岁蹉跎。人中须密发光，末年富厚。人中如有恶气垢痕，上至准头、天庭、印堂者，五日内必生灾。

五十二岁行运　仙库

唇部　在左鼻孔，兰台之下，人中左侧之一，专名（仙库），一名（仙仓）。解剖学为后头颞颥线。

鉴别　左鼻孔下之仙库，与右鼻孔下之仙库，同为收藏积聚之宫。完美者，声誉崇隆。分明者，财帛增盛。[1] 缺露薄小者，一生贫乏。鼻涕常垂者，晚景凄凉。鼻孔毛露者，好播是非。鼻孔低小者，每不守信。忽然色黑无光者，谓之肺绝，百日死。

五十三岁行运　仙库

唇部　在右鼻孔兰台之下，旧名廷尉，今改兰台。人中右侧之一专名（仙库）。解剖学为后头颞颥线。

---

① 自年上、寿上、准头至左右兰台，即金柜、甲柜、仓库、井灶及左右仙库，皆在十二宫财帛宫范围以内。

鉴别　鼻孔既缩且小，准头又低曲难堪，其人必悭吝非常，一生无大发展。鼻孔太大如手指者，非惟命短，且主家贫。详见左孔之仙库，合而观之为是。

五十四岁行运　食仓

唇部　在上唇人中左侧之二，逼近仙库，专名（食仓）。解剖学为后头部，颞颥线之下部。

《相图秘旨》云：食仓、禄仓在口角上际微凸处，食禄从此而入，故为食仓、禄仓。

鉴别　左食仓，位居上唇，逼近仙库。端厚者堂皇，高朗者富足。其色鲜明者，声价尤贵。薄弱必主贫贱，蹇滞难免夭亡。唇若含丹，必多才艺。口如吹火，每致孤寒。此必须兼筹并顾也。

五十五岁行运　食仓

唇部　在上唇人中右侧之二，逼近仙库，专名（食仓），旧名（禄仓）。解剖学为后头部，颞颥线之下部。

珊按：兹改禄仓亦为食仓，左右相同，固免混淆之弊。即证以名义，亦不舛误。《论语》云："君子谋道不谋食。"注谓："食即禄也。"观于此，似不必一而二之也。

鉴别　右食仓，位居上唇，与左仙库同属十二宫财帛宫之范围。当参观年上、寿上及左右兰台、仙库，决其休咎。若再证以唇、口、齿三部形状之宜忌，则吉凶更无所遁矣。

五十六岁行运　法令

唇部　在左鼻翼两侧，垂至口唇两边之纹理，即人中左侧之三，逼近食仓，专名（法令）。一名（寿部），一名（酒舍）。解剖学为后头部，颞颥线下部。

《相图秘旨》云：法令从兰台、廷尉发出，如法制禁令然，故名之。为官者宜法令深长也。

鉴别　左法令，为鼻翼下之纹理，下垂于口唇者，能表示父母状况，事业兴衰，不可忽视。法令之纹理正垂，无偏倚之态者，其父母之身心，能配置适宜，故遗传合度。脑髓两半球，自无轻重之分。为其子者，事亲孝友，惟义是尚，断无执拗之性。法令之纹理深长，其形如钟，基色光泽者，事业振兴，寿元高大，无蹶蹶之虞。法令端整者，主官禄荣名，德孚众望，或擅长艺能，为人师表。法令延过地阁者，谓之寿带必无病而寿长。左法令纹理深者，得父之艺。右法令纹理深者，得母之艺。女人反是，左右各异也。法令纹理狭而长者，老克子孙，贫病相寻。法令纹理长短不齐，或缺陷者，早与亲离，屡变家业，所志不遂。法令纹理隐而难见，处境必多困难。法令纹理由眼下三阴三阳之间，垂入口边者，必因毒而死。法令纹理整圆入口者，五十前后必有太难，否则饿死。法令上断下圆，其形似蛇入口者，无人和，败祖业。富贵则短寿，贫贱则饿死。

五十七岁行运　法令

唇部　在右鼻翼两侧，垂至口唇两边之纹理，即人中右侧之三，逼近食仓，旧名禄仓，专名（法令）。解剖学为后头部，颞颥线下部。余名同上。

鉴别　右法令为鼻翼下之纹理，下垂于口唇者，其吉凶何如，当与左法令，合而观之。法令纹理不分明者，此职业不定之征。法令长纹之外复生短纹者，家业屡变，或有异父异母，或承继出房。法令纹有二重者，必有重视，或有二业。

法令纹中有黑痣者，妨碍家业，或恃自己专长而偾事，又难与所亲同居。法令左边有黑痣者，父死不能相见。右边有黑痣者，母死不能相见，或有足病。女子反此。法令纹中有红色小疮，必因职业相争。法令纹外有薄黑色者，主被盗窃。法令纹外有秽色者，主商业损财。自法令至地阁，凡有暗晦之色者，主家产破败。法令外有美色而中有滞色者，外观虽好，内心实苦。

法令在三十岁前发生，斯为常态。妇人孺子有此纹理者，极凶。女有法令，大都克夫。若纹理显著，左右不齐，更属大凶。此皆父母遗传之不善，有以致之也。

珊按：五十二三岁运行左右仙库，五十四五岁运行左右食仓，五十六七岁运行左右法令，此皆水星区域，其气色最喜明润，最忌尘蒙。

五十八岁行运　附耳

颊部　在左面颊颧骨之左，专名（附耳），一名（虎耳）。解剖学为后头部，颞颥线下部。

云谷山人曰："附耳在左右耳珠之旁，故名附耳。俗呼虎耳，误于字音也。"

鉴别　左附耳在颧骨之左，顾名思义，当参观左颧骨及左耳人轮之形色，以定休咎。约言之：丰隆光润者，指挥若定；窄削黑暗者，心绪不安。

五十九岁行运　附耳

颊部　在右面颊颧骨之右，专名（附耳）。解剖学为后头部，颞颥线下部。

鉴别　右附耳之吉凶，当参观右颧骨及右耳人轮之形色，是否丰隆窄削，是否光润黑暗，始有定评。

六十岁行运　正口

口部　在上下两唇之中，专名（正口）。一名（海口），一名（大海）。五官为（出纳官），五星为（水星），四渎为（淮渎）。四学堂，齿为（内学堂）。解剖学为后头部，颞颥线下部。

鉴别　口为出纳之官，乃言语之门，饮食之具，万物造化之关，又为心之外户。赏罚之所出，是非之所会，而与脑体尤有莫大之关系焉。然唇为口之城郭，齿为骨之精华，舌为口之锋刃，所以先哲论口，又必须兼论齿、唇、舌三者也。

水星在口部，故大海与海口皆属焉。《经》云："水星须要红，红者作三公。"淮渎亦在口部，阔固佳，而上下唇必须覆载相称。上唇薄则不能覆，下唇薄则不能载。不覆不载，非惟无寿，而晚福亦差，此指口、唇二者言也。至内学堂，即当门两齿周正而密者，主忠信孝敬；疏缺而小者，主诈伪狂妄，此仅此齿言也。

口肥大而身体肥满，属营养质，其头之下部，当较发达，唇必色润，此脑髓活动之征，其人必体健无病，财事从心，但非幽远高雅之人。口广大而身体不肥，骨多肉少，属筋骨质，其人必自是性烈，凡为心野，好冒险，抱奢望，知进而不知退，多成多败，杀费周章。口如弓形，体瘦如柴，肌肤艳丽，思想优美，属心性质，其人必好宗教，尤嗜哲学文艺。其饮食、生殖之力虽薄，而爱情最笃。口如仰月向上湾者，其人必年少得志，晚运亦通。口方广而有棱者，[①] 富贵康强。口小而开大者，胸襟磊落。面大而口小者，发达稽迟。横阔而厚、形如四字者，巨富；端正不偏、厚而不薄者，小康。口小无胆，口尖不廉。口角向上，百事乐观。口角向下，一切苦恼。口阔形斜，语言虚伪。口如含丹，不被饥寒。口能容拳，

---

①　厚则有棱，薄则无棱。

堪为将相。无人独语，或不言口动，或撮如吹火，皆主孤贫。妇人口常不阖者，主淫乱。口角特大者，又主丧夫。

上唇长而厚者，主长命。下唇长而薄者，主好啖。口唇红鲜者，主文章才俊，名播四方。唇鲜紫红者，主富贵兼备，食禄千里。上下唇厚而色泽者，富有学识。上下唇薄而色滞者，每好谎言。口角纹理整洁而黄明者，主有阴德，必得善报。此与泪堂之阴骘纹，功效相同。上下唇纹理多者，主为人宽和，见义必为，逢恶必诫，其子孙亦必贤达。上下唇无丝毫纹理者，晚应孤贫。纵纹生于口畔者，今虽家业饶馀，他日萧条，仍应贫乏。纵理入口，主饥饿不食而死。

黑子生于唇上，平生多获美食，生于口角者灾滞。女人唇生黑子者淫贱，口唇气色红润者贵。黑者贱，青者毒，白者亦然，黄者病，惟绕口黄明者最吉。

总之，唇为城郭，必欲其厚，厚则载福；齿为精华，必欲其坚，坚则长寿。缭乱叠生者狡横，疏漏者贫薄，短缺者下愚，露出者暴亡，壮而齿落寿促。齿以二十八枚者为常人，三十枚以上较好，三十二枚至三十八枚者，人必出类拔萃，善善恶恶，易趋极端。若女子有齿三十二枚以上者，凶毒殊甚，反非幸福。舌为锋刃，必欲其利，利则不钝，端而利者尤妙，若狭而长则诈贱矣。秃而短者迍邅，大而薄者谬妄，尖而小者贪著。引至鼻者，刚如掌者，舌上有锦纹者，均主大贵。舌出如蛇者毒害，舌有黑子者虚伪，未语而舌舐者淫逸。

六十一岁行运　承浆

颚部　在正口下唇之下部，颚之中央，专名（承浆）。一名（酒池），一名（酒海）。解剖学为颞颥线下部。

鉴别　承浆喜阔能容指，两边有骨。中心成坑耸上者，主官禄，有百杯之量。承浆骨满朝天者，主富饶，享无穷之福，色红色白者尤良。承浆尖窄偏陷者，大率孤贫。见青黑色，或见黑痣者，既主水厄，还恐因醉亡身。

六十二岁行运　地库

颚部　在下颚左边地阁上左旁，专名（地库）。解剖学为后头部，颞颥线下部。《相图秘旨》云：地库在地阁上旁。即颂堂稍下之左右也。其位微圆有气，故称库。近地阁，故曰地库。

鉴别　左地库，圆满丰盈，精神爽健，而富厚可期。若鬓秀须清，其为贵显更无疑义，色白者最佳。若形势偏薄，非贫即贱，色黑者尤忌。

六十三岁行运　地库

颚部　在下颚右，地阁上。○右旁专名（地库）。解剖学为后头部，颞颥线下部。

鉴别　右地库喜方圆隆满，忌尖削歪斜。色泽明润者，爽健有为。枯燥暗晦者，灾磨宜慎。

六十四岁行运　陂池

颚部　在上颚，法令之左，专名（陂池），一名（陂塘）。解剖学为后头部，颞颥线下部。[1]

《相图秘旨》云：陂池、鹅鸭在两颐凹处。若凹而忽凸为有气，如池中有鹅鸭浮起，非左陂池而右鹅鸭也。

鉴别　左陂池宜平满，忌缺陷。平满者有陂池，主富饶。缺陷者无田湖，主贫乏。陂池纹见者，既防水厄，又主争端。见恶色及黑痣者，亦然。

---

① 陂，音碑，泽鄣也，畜水曰陂。《礼记》：毋漉陂池。

六十五岁行运　陂池

颚部　在上颚，法令之右，专名（陂池），旧名鹅鸭。解剖学为后头部颞颥线下部。

珊按：旧书左为陂池，右为鹅鸭。本书改右之鹅鸭，亦名陂池。左右一律，免致参差。而况陂池之中，别有鱼龙，岂可仅言鹅鸭耶？

鉴别　右陂池之形势，肥厚丰隆者，主晚年康乐，凡百称怀。枯薄缺陷者，精神颓唐，诸多拂逆。见紫气者泰，黑痣者否。

六十六岁行运　金缕

颚部　在上颚法令之右，逼近陂池，专名（金缕）。解剖学为后头部，颞颥叶下部。

《相图秘旨》云：金缕乃法令旁之小纹，其形如金缕是也。

鉴别　左金缕在法令之左，当与陂池同看。平满者康强逢吉，缺陷者眠食难安。

六十七岁行运　金缕

颚部　在上颚法令之左，逼近陂池，旧名鹅鸭，专名（金缕）。解剖学为后头部，颞颥叶下部。

鉴别　右金缕之吉凶，固当与左金缕并论，尤必须参看左右陂池，孰厚孰薄，孰正孰斜，始有定评。

珊按：陂池、金缕，此二部皆与亥宫相近，其位属水。色白如玉如珠而有光彩者，晚福必优。若色白如粉，或如枯骨者，灾殃立至。

六十八岁至六十九岁行运　归来

颚部　在左颚上部，腮骨之下，斜对正口，专名（归来），六府为（下二府）。解剖学为后头部，颞颥叶下部。

《相图秘旨》云：归来在颧骨、腮骨之下，地阁骨之上，两骨转坳处，盖取归来朝东西二岳之义。

鉴别　下二府，自颐骨至地阁，宜充实，忌缺陷。充实者财富，缺陷者老困。

归来有左右两部，圆厚光泽色黄者，吉祥止止。窄缩枯燥青黑者，凶厄累累。

七十岁至七十一岁行运　颂堂

颚部　在下颚正口之下，承浆两傍专名（颂堂）。解剖学为后头部，颞颥叶下部。

《相图秘旨》云：颂堂在地阁坳凹处，盖取口角开阖，彼亦从其动，如双方讼争不息也。柳庄云：舌尖舐得之处，乃是颂堂。

鉴别　颂堂两部，虽有左右之分，其为喜平满，忌缺陷则一。平满者主有华堂，富余可知。缺陷者主无田宅，贫乏亦可知。有黑痣者，主弃祖移居。有红丝乱纹者，主晚年寂寞。

珊按：旧书谓“承浆左右之两颂堂，其吉凶仅主七十岁之一年”，似不合法。本书以左颂堂主七十岁，右颂堂主七十一岁，证诸上停左边城主二十一岁，右边城主二十二岁；左山林主二十九岁，右山林主三十岁；中停左颧主四十六岁，右颧主四十七岁；下停左法令主五十六岁，右法令主五十七岁；左附耳主五十八岁，右附耳主五十九岁；左右二部，皆各主一岁，无不吻合也。

七十二岁至七十三岁行运　地阁

颚部　在下颚正口，承浆之下，专名（地阁）。五岳为（北岳），十二宫为（奴仆宫）。解剖学为后头部，甲状软骨部。

鉴别　北岳恒山在颏尖陷者，末主无成，终亦不贵。果其额之衡山，鼻之嵩山，左颧泰山，右颧华山，上下左右，高低相称，一一相朝，其福寿之崇隆，又岂常人所可企及耶？

奴仆宫在下颚，颐颏丰广者，必获奴仆之力，或得部下之助。颐颏尖小者，既无奴仆之缘，必难率众。颐有两重、形势雄伟者，足可统御多人，身为领袖。颐颏尖削、再见痣疵纹痕，主为奴仆所累，或受部下所害。即取而代之者，亦必为丰颚广颐之人。腮骨尖而突出者，恩将仇报，人必无良，诸宜远之。总之，颐颏小者，不能用人，仅为人用而已。古诗云："奴仆还须地阁丰，水星腮骨要相从。若言三处都无取，倾陷纹痕总不同。"观此，可知奴仆宫须重视地阁，而水星、腮骨，亦不可不细察之。

地阁者，人身之地，一体之基，形方则荣，形厚则富，虎头则雄，燕颔则勇。丰似拥肉者，既富且康。盈如满月者，立名享寿。朝天者极品，[1]朝人者次之。[2]方厚更加顶平者，必获祖业。尖削而又晦滞者，难免老穷。颐端尖而左右歪斜者，忘恩负义。两重颐者，晚景固佳。颐虽细小肉薄，苟有气而肉坚实者，亦胜寻常。皮肤红黄色丽者，更主喜庆。发现赤点者，定罹火惊。薄黑主灾，痣疵亦忌。

珊按：旧书以地阁主七十一岁一年之吉凶，以奴仆主七十二三岁两年之吉凶，似不确切。何则？地阁即十二宫之奴仆宫，安用再于地阁两傍，别立奴仆之部位耶？本书既以左颂堂主七十岁，右颂堂主七十一岁，故以地阁主七十二三岁。如果地阁丰隆，必期富贵寿考，又岂止一呼百诺，左奴右仆已哉！

---

① 天，谓上停也。
② 人，谓中停也。

又按：六十八九岁运行归来，七十至七十一岁运行颂堂，七十二三岁运行地阁，此三部色白、色红而皆光润者，皆主福寿；色黑、色晦而又枯燥者，多主灾危。

七十四岁至七十五岁行运　腮骨

颚部　在左右两颚之傍，平对正口，专名（腮骨）。六府为（下二府）。解剖学为后头部，颞颥叶下部。

鉴别　边腮颐骨，乃是下府，喜高峻色美，辅佐地阁，不尖不歪，不粗不大，此地府成也。若高低粗露色恶，耳后又见重腮，此地府不成也。古云："一府成，掌十年之富盛。相反者，主十年之破败。"至于横纹生于腮下者，尤防险恶，须仔细察之。

珊按：七十五六岁运行左右腮骨，至九十八九岁运行亥位，大率形贵丰正平满，忌偏侧倾斜。色贵红黄明润，忌青黑暗晦。若再参观其眼神、坐神、立神、语神、行神，则吉凶休咎，更可瞭然于胸中也。

七十六岁至七十七岁行运　子位

颚部　在下颚正中，地阁之下，专名（子位）。

鉴别　子位、端方平满者富贵，又主子孙繁昌。狭薄削小者贫贱，又主毫毛清寒。肥厚者起居爽健，色泽者田宅饶余，皆主末运亨泰。

七十八岁至七十九岁行运　丑位

腮部　在右腮骨之左，陂池之下，旧名鹅鸭。地库之右，专名（丑位）。

鉴别　丑位吉凶，当与腮骨及地库二部，合而观之。丰厚圆满，平正朝接，气色明润者，皆主富贵寿考。偏狭尖陷，瘢痕破缺，气色枯暗者，皆主困苦贱贫。

八十岁至八十一岁行运　寅位

腮部　在右腮骨之上，归来右侧，附耳之下，平对人中，专名（寅位）。

鉴别　寅位吉凶，当与腮骨及附耳二部，合而观之。喜丰满润泽、色黄，忌塌陷枯燥、色黑。

八十二岁至八十三岁行运　卯位

耳部　在右颧高骨上侧，附耳之上，左对泪堂，右对耳孔，专名（卯宫）。

鉴别　卯宫吉凶，当与右颧骨及右附耳二部，合而观之。宜丰满润泽，气色鲜明；忌陷削枯燥，气色晦滞。

八十四岁至八十五岁行运　辰位

眉部　在右眉上侧，逼近发际。丘陵之下，旧名冢墓。天轮之上，专名（辰位）。

鉴别　辰位吉凶，当与丘陵及天轮，合而观之。若证以本身辰位，形色之宜忌，则休咎更显著矣。

八十六岁至八十七岁行运　巳位

额部　在右额逼近发际，边城之上，专名（巳位）。

鉴别　巳位吉凶，当与右边城同观。丰满光泽者暇豫，瘢痕暗晦者灾惊。

八十八岁至八十九岁行运　午位

额部　在前额发际正中，火星之上，专名（午位）。

鉴别　午位属火，位居南方，其色黄明者吉，黑暗吉凶。《经》云："火星须得方，方者受金章。"此言额具方形，必主大贵。

九十岁至九十一岁行运　未部

额部　在左额，逼近发际。边城之上，专名（未部）。

鉴别　未部吉凶，当与左边城同观。再参以巳位及右边城之形色，则宜忌可知，安危立判矣。

九十二岁至九十三岁行运　申位

眉部　在左眉上侧，逼近发际。丘陵之下，天轮之上，专名（申位）。

鉴别　申位吉凶，当与左丘陵、左天轮，合而观之。再证以辰位及右天轮之形色，是否左右相称，气色鲜明，则老境之甘苦，可灼然而知矣。

九十四岁至九十五岁行运　酉位

耳部　在左颧高骨上侧，附耳之上。左对耳孔，右对泪堂，专名（酉位）。

鉴别　酉位吉凶，当与左颧骨、左附耳，合而观之。再参以卯位及右附耳之形色，是否左右相应，气色鲜明，则进退存亡，不难预知也。

九十六岁至九十七岁行运　戌位

腮部　在左腮骨之上，归来左侧，附耳之下，平对人中，专名（戌位）。

鉴别　戌位吉凶，当与左腮骨、左附耳合而观之。再证以寅位及右附耳之形色，是否高低合格，气色鲜明，如是则得失行藏，不难胸有成竹也。

九十八岁至九十九岁行运　亥位

腮部　在左腮骨之右，陂池之下地库之左，专名（亥位）。

鉴别　亥位何如，当与腮骨、地库左右对照观之。果其骨肉停匀，气色润泽，其精神必仍饱满，视听必仍如常。虽寿逾百龄，亦不得谓为善颂善祷也。

论纹理

纹理，又名皱襞，[①] 现于额上眼尾及口唇两侧者居多，或纵或横，各因意力活动之时期，而有大小强弱之区别。其发现之时，大都在三十岁前后，盖孩提之童，不应有此。间有额部发现纹理者，皆是羸弱病儿。倘孩提发现深法令者，必非佳儿，即使长成，亦不过为不孝非义之人而已。妇人之纹理，不如男子之多。有之，亦不似男子之强。但在四十岁后，或至老年，虽有纹理，若与男子比其大小多寡，则不如远甚。苟妇人而有强大之纹理，其性行必类男子。由是观之，纹理之发现，其为不关先天而属后天也，明矣。约言之，纹理有常态、变态二种。额中、眼尾、法令所现纹理，明晰顺正者，谓之常态，此意力运用协和也，当卜运气亨通。额中、眼尾、法令所现纹理，粗杂凌乱者，谓之变态，此意力运用失调也，当卜运气蹇滞，甚至疾苦堪虞。其他吉凶，详叙各倍，兹不赘述。[②]

---

① 襞，音壁，陌韵，布帛之摺叠纹也。

② 参考各家。

论黑痣

皮肤之有黑痣，犹之沃壤产嘉禾，瘠土生莠草也。是以人之骨格高明，血脉疏畅者，则生奇痣，以彰其贵；人之骨格平庸，血脉蹇涩者，则现恶痣，以表其贱。其黑如漆，其赤如朱，光泽美艳者，多主大贵。惟必须生于隐处，不妨碍部位之进化，始有特效。若黑而灰，红而滞，生于明显之处，皆不足取。书云："足生黑子者，为有禄之人。"盖非明显之处也。其他杂色，既无光彩，又为部位之障碍者，均未可以善云。至于雀卵瘢点，无论男女，对于夫妇子女，不免多所刑克，岂止好行奸诈，酷爱便宜已哉！《文殊菩萨曜宿经》云："观察黑痣之生于何处，即可知妊年为何天干。假使受孕于壬年者，痣在腹；生于辛年者，痣在乳；甲年者痣在背等，靡不悉验。"可见痣之为物，于相学上，有极大关系。又闻某学者，曾将人之黑痣，与太阳瘢点，比例研究，是亦寓无限意思于黑子中者也。[①]

① 《太清神鉴》，参各大家。

论毛发须髯胡

头面之有毛发，犹山地之有草木。土质肥润者，草木华秀。土质瘦瘠者，草木枯萎。人之血液循环，各得其道，则毛发须髯眉等，莫不细软光泽。若血液循环，不得其道，则毛发须髯眉等，亦莫不粗硬晦滞。细软光泽者，虽不尽黑，其人心性既高尚，运气必佳。粗硬晦滞甚至焦黄者，其人心性固卑劣，运气尤不免颠沛。书云：发乃血之余，肾之苗也。是以人至年龄加长之时，血气渐衰，毛发变白，此乃自然之理。[①] 古谓世无浓发宰相，更无秃发健儿，良有以也。[②] 然果年逾六十，毛发尚黑艳如少壮者，运气虽甚旺盛，其子息必有幼稚。老年发黑者长寿，半白半黑者亦长寿。至于发之旋毛生在中央，而又前后齐整者，其父母之遗传心性，必定良好，大都易于发达。若左右偏侧，即知其遗传不良，一生忽得忽丧，荣枯靡定。若有两个旋毛，其发又复粗硬，低生压额，遗传不良，更属显著。其为体质虚弱，性情矛盾，皆不能免。若夫发卷毛缩，乃是父母血液混浊之故，心性固难言，运气亦极可愍。无家庭子孙之福，犹其余事也已。

上唇生者为髭，（人中）下颚生者为须，（承浆）颏颔生者为髯，近耳生者为胡。一云：鼻下为髭，下颚为须，颊部为髯。但言须者，统称也。此四者，惟妇人无之，有则失常，属之男性，其为一生蹇滞必矣。是以凡为男子者，不可无须，无则流于女性，缺少丈夫气概。当机立断，决非所长。责任思想，更为薄弱。间有聪明睿智之士，亦有无须者，然只长于谋略，运筹帷幄而已。必待勇敢刚毅者助之，始可建业立功。古书以髭为禄，以须为官，宁可有禄而无官，莫教有官而无禄。有禄无官者，既富且寿。有官无禄者，既贫且贱。若官禄两全，则福寿备矣。总之，无髭无须，固为男子所是忌，然太多纷乱，亦非所宜。若口之周围，粗髭乱积，

---

① 年少发白者，早丧双亲。

② 毛发，由三十岁后渐秃者吉，由前额秃落者贵，由后头或由上顶侧顶点点秃者凶。女子发早秃者，或多辛苦克夫。妇人年老而发不秃者，长寿。

状不雅观者，断难显达。髯之两傍，长如燕尾，而中间短促者，运气虽通，亦只两子。至于劲直者性刚，和软者性柔，滋润者富贵，干燥者困穷，还须细察各部，未可执一而论也。

若论毫毛与人之休咎，亦有关系，不可忽视。毫白者主寿，黑子上生毫者主贵，眉耳生长毫者至寿。眉生白毫，玉堂骨起，仙人之相。胸上生毛，人好道术。背上生毛，人必凶恶。两肩上或臂上生毛，主慈孝。腹上生毫，主大富。膝下生毛者少官禄，足下生毛者极仙品。一孔三毫，富贵之身。圆面丰顶，后面连山势起，发少者，富贵之相也。①

① 以上见《月波洞中记》并参各大家。

论　神

1. 神藏　瞻视平正，初如无神，坐乃久现，如美玉明珠，光彩蕴蓄，愈视愈清，其光自丽，及其显示温粹，淳然不变，怒不强发，人自畏之，此为神藏之上相，盛德大业之人也。

2. 神静　一见恬然，再见寂然，愈久视之，淡薄自若，唯光彩内见，中有所得，宜着意深测，默有可见。若论其真，可以思致，不可以言传也。此为至人之相，不与世俱者也。

3. 神和　温粹恬纯，不喜似喜，虽有怒色，其喜常存，远视之，已见其和，不必久视，而后见也。此为解除胸襟，不妒忌，不偏僻，荡荡然至圣之人，有德君子之相，故人见而悦之也。

4. 神锐　志锐则气锐，气锐则神锐，神锐见于言词作为相貌之间，自矜饰，不谦损。若久而不挫，必有失。如锐然正炽，遇折见伤见血，水火惊恐则发也。若无此候，终乃自丧其志也。

5. 神驰　驰者，如马之驰。一坐之顷，其神如有所之，不言不矜，默默自驰，此须以意见也。若驰而不反，久必狂，非善相也。

6. 神露　露见不藏，其睛凸，不怒似怒，又为神怒，四白若见，必主刑伤夭折，贵亦不能久。若眉高有覆应则吉。

7. 神眈　视下曰眈如，如虎之视物，四白通见。若在物上，此恶毒狼虎贪残之相也。更久不回睛，必淫乱受刑，死于郊野，非善相也。

8. 神惊　惊者，心气不足，茫然如失，又如临深履危，青气盈面，有所怯惧。睡不安，坐不久，口常急动，眼频回睛，久而不安，纵不失神，此下愚无立之相，纵贵亦夭折，非良器也。

9. 神慢　慢者，见于动静、作为之间，皆慢也。其候在眼不转睛，视物难忘。虽有急难，其慢不更，终不成大器也。

10. 神疑　疑者，动多犹豫，迟疑不决；行步举止，如有所思；欲作不作，欲言不言。一坐之间，其色屡变，亦非贵相也。

11. 神醉　醉者，坐立不正，常如醉人；痴还不痴，狂眼豪视；如随物去，又为神迷。此愚贱之人，纵贵亦夭折也。

12. 神昏　昏见于色，满面之间，如烟云四起，浮露隐隐，不分不明；双眸虽大，久视无光；事有所著，言不能辨，此贫贱无立之人。

13. 神急　急者，闪闪不定，洋洋自得；满面常光华，又为喜气，不贴肉，中年有惊恐血灾。神若一退，可以成器。常急终不久。

14. 神脱　脱者，常见有，忽然不见，如土木偶人。纵能行坐饮食言语，而亦无气，此号为行尸。若有此候，不过一年，色悴者一季。

诀曰：妙相之法在何方，观其神气在学堂。[①] 若人认得神与气，富贵贫贱当审量。一点真，一点真，悟了方为善相人。不悟真如魂梦里，徒劳两眼去观人。神恍恍，气爽爽，似有似无在面上。一点神光俱不散，此人定作公侯相。清亦贵，浊亦贵，清浊交加方始是。若人辨得浊中清，便是人间公卿位。清怕寒，浊怕实，又怕毛骨粗是一。神清骨秀两分明，早佐皇家为柱石。[②]

① 眼为官学堂。

② 《照胆经》。

论 声

天有雷鸣之声，地有风烈之声；山有涧泉清流之声，海有波涛浩瀚之声；人亦有上、中、下丹田之声也。声出于下丹田者，上也；出于中丹田者，次也；出于上丹田者，斯为下矣。出于下丹田者，根深表重，和而清润，远而圆畅，聪明特达，富贵优游之人也。出于中丹田者，根浅表微，轻重不均，嘹亮无节，或先贫后富，或先富后贫，成败靡常之人也。出于上丹田者，发自舌端，急促不和，干泾不齐，震而鸣，焦而破，劳苦贫贱之人也。

若夫清而圆，坚而亮；缓而烈，急而和；长而有力，勇而有节；大如洪钟腾韵，鼍鼓震音；小如涧水飞鸣，琴徽奏曲；或如瓮中之响，或如笙簧之音；或人小声洪，五行合音，金声和润，木声高畅，水声圆急，火声焦烈，土声深厚，皆上智福寿之人也。

至于急而嘶，缓而涩；深而滞，浅而躁；大而散，散而破；或如破锣之声，败鼓之鸣，寒鸦哺雏，老鸭硬咽；或如病猿求侣，孤雁失群；狂如秋蝉晚噪，细如蚯蚓夜吟；或如犬之吠，如羊之哀；或声未止，而气先绝；或言未举，而色先变，皆下愚贫贱之人也。总之，君子之声，清澈和畅，大小有力；小人之声，懦弱轻薄，浊硬软滞。清者清高，浊者鲁钝。响者快利，滞者困厄。人大声小者，贫贱夭折。人小声大者，富贵康宁。声弱者懦弱，声薄者轻薄。声破者作事无成，声硬者刚强毒害。声软者，口甜心苦。声轻者，优柔寡断。女带男声者，倔强再嫁。男带女声者，庸碌无权。声先低弱而后琅琅者，先贫后富。声先琅琅而后低弱者，先富后贫。自言自语者，孤贫。忽然声躁者，急病。盖声音为人相中之一大关键，非常紧要，审辨端详，庶几无误，不然何以闻声而知君子小人哉![1]

① 唐宋齐邱《玉管照神局》，参后周王朴《太清神鉴》。

论气色

形体，相之根本也。气色，相之枝叶也。[1]根本固则枝叶繁，根本枯则枝叶谢。论相，所以先究形体，而后气色也。夫气舒则色畅，气恬则色静，气通则光润华明见于色，此皆气色之善者。气偏则色焦，气滞则色枯，气蔽则憔悴暗黑见于色，此皆气色之凶者。夫形如枯木，心如死灰，淡然不与世俱，此又至人之相，不可以气色而论也。

气色最易鉴别者，莫如口唇。盖唇之为物，本属赤色，以美丽为宜。苟带有黑白赤污等色，此即神气衰颓之征。眼鼻纵有可取，凡为亦必龃龉，断难裕如。

气色分类虽多，大体约有十种：曰青、曰黄、曰白、曰赤、曰黑、曰暗、曰滞、曰濛、曰红、曰紫，是也。暗、滞、濛三色，似觉漫无分别。经验既久，自可一目了然。

青色　主惊恐、过劳、忿怒，或受人呵责。

黄色　主欢悦，或喜庆临门、财帛到手、情欲浓厚。

赤色　主灾难，或火厄、讼狱、离别、负伤。

白色　主忧愁、破耗、死亡。

黑色　主疾病、损失。

红色　主心中有喜，或情欲发动。

紫色　主大喜悦，或主迁官。若无光泽，仍主不祥。

暗色、滞色、濛色　皆属凶色。此三者本来无色，不过发于皮下，表于皮上而已。其呈露多在额之左右，即边城、山林等处，主灾难、迟滞、损失。

就以上所列十色观之，似觉凶多吉少，然又有华明与枯暗之别，不可尽泥。华明者如白纸之表，枯暗者如白纸之里，精粗迥异，详察便知。无论何色，如果枯暗而不华明，其皮肤如纸之里者，皆为恶运将临之兆。独

[1] 气藏皮内。色现皮外。

于黄色一项，虽不华明，亦不成灾。但对于事物，大都难遂。若黄色而又华明，其皮肤如纸之表者，此即善运方来之征，诸宜迈进，攸往咸宜。书云："色光则性静，色晦则情乱。色光者如秋月连天，色晦者如浮云蔽日。性静则吉，情乱则凶。"其理与上述之"气舒则色畅，气滞则色枯"，无二致也。

再细按之，色吉而枯暗者，不可以吉论，反作凶言。色凶而华明者，不可以凶论，反作吉言。若色吉而又华明者，其吉应速。色凶而又枯暗者，其凶亦应速。若以色浮沉浅深论，浮主未来，沉主过去，深者吉凶之期应近，浅者吉凶之期应远。至于面上小疮小泡，亦与气色、有密切关系，不可忽视，当辨别之。

凡看气色，必须在室内、纸窗之下，令被观者凝神静坐，与观相者之距离，约三四尺，始可准确。过于靠近，反难看出。盖气在皮里，色在皮外，其状不一。其微如蚕吐之丝，如蜂排沫，短者如粟米，又如微尘，大者不过一寸。若在玻璃窗口，目光射映之处，断难鉴别。如在晚间，以植物油燃灯照之，最妙。如用电灯及煤油灯，光嫌太强，非白纸覆之不可。若论部位，以天庭、日月角、印堂及年上、寿上、准头、人中、地阁，最为紧要。古歌云："不拘青黑与红黄，但看发现在何处。若能依部细看之，定知为善与为悲。"此之谓也。[①]

① 以上见后周王朴《太清神鉴》。

论　手[①]

手者，其用所以执持，其情所以取舍。故纤长性慈而好施，短厚性鄙而好取。手垂过膝，盖世英雄。手不过腰，一生贫贱。身小而手大者福禄，身大而手小者贫穷。手薄削者贫，手端厚者富。手粗硬者极贱，手细软者大贵。手香暖者清高，手臭污者浊下。指长而纤者聪俊，指短而秃者蠢愚。指柔而密者积财，指硬而疏者破产。指如春笋者贵达，指如鼓搥者愚顽。指嫩如剥葱者食禄，指粗如竹节者受饥。手薄硬如鸡足者无智，手倔强如猪蹄者至愚，手皮连如鹅足者显扬。男子手软滑如锦囊者巨富，女子手硬如竹竿者大贵。

大指宜肥圆，其节有纹，重叠而长，如画眉之状者，俗云夫子眼，主有文学。若歪斜瘦秃者，主经营费力，一生劳苦。

食指[②]宜圆满。傍贴中指，主衣食丰足。若歪斜向外，而离中指者，主极贫。古云："两掌要厚，十指怕漏。"指有歪斜，若再无肉，则漏矣。上漏主六亲少力，下漏主资财不聚。

中指[③]宜端正。得无名指及食指左右紧贴，主高尚有为。若歪斜破伤，主孤身贫乏。

无名指[④]宜明净。如与中指紧贴，下不潜心缝，主财禄丰盈。若歪斜向外而离中指者，主极困。

小指宜清秀，长而不秃。若指头过无名指之节，而又骨圆者，主才艺超群，功名早获。若歪斜向外，不与无名指贴近者，主孤克。

四指为宾，二指为主。宾主相称，攸往咸宜。二指长者，君子有缘。四指长者，小人不足。

若五个手指斩伤，或病损者，亦有所主。大指破祖，二指克父，三指

① 指爪附。
② 即第二指。
③ 即第三指。
④ 即第四指。

丧母，四指妨妻，五指刑子。大指骈，母亦疾苦。

十指上之纹，全如旋螺者，多主荣贵。十指上之纹、旁漏如筐箕者，多主破败。十指上之纹、横有三约者，[1] 财禄丰盈，奴仆忠实。十指上之纹、横有一约者，既主贫贱，终应操劳。

---

① 每指之纹有三行，各见三道者是也。

论 掌

掌长而厚者贵，掌短而薄者贱，掌硬而圆者愚，掌软而方者福。四畔丰起而中凹者富余，四畔薄弱而中凸者财散。掌润泽者富贵，掌干枯者贫穷。掌红如噀血者荣贵，掌黄如拂土者愚贱。掌现青色白色者皆主贫寒，掌之中心生黑子者智而富。① 掌之四畔生横理者，愚而贫。大抵掌为虎，指为龙。指长掌短为龙吞虎，所作皆成。掌长指短为虎吞龙，凡谋辄左。五指头如一字齐者，愚而且凶。中指与掌同长短者，贤而且吉。

人瘦掌漏，人肥掌厚；人大掌大，人小掌小；人清掌清，人粗掌粗；面大掌大，面小掌小，皆为合格。只须掌色红润，纹理明朗，必主聪明特达。若人瘦掌肥，人肥掌瘦；人大掌小，人小掌大；人清掌粗，人粗掌清；面大掌小，面小掌大，皆为破格，又为反常。若掌色枯晦，纹理交杂，必主愚昧孤贫。至于爪甲之吉凶，大致与手指相同。纤而长者聪明，坚而厚者老寿；秃而粗者愚钝，缺而落者病弱；形如桐叶者荣华，形如半月者快乐；形如铜瓦者技巧，形如皱石者下愚。②

---

① 手掌之痣、每与足心相应。

② 后周王朴《太清神鉴》。

论掌纹

手中有纹者，象木之有理也。木之纹美者，名为奇材。手之纹美者，乃是贵质。故手不可无纹。有纹者上相，无纹者下相。纹细而深者贵，纹粗而浅者贱。惟掌上之三才纹，不论高低，人皆有之。盖此纹在母腹中，受胎成形之际，擎拳掩耳而成。是以上画应天，象君，象父，定其贵贱，又主根基。中画应人，象贤，象愚，辨其贫富，又主财帛。下画应地，象臣，象母，判其寿夭，又主福德。若三纹莹净，无杂纹冲破者，名利优游。纵理多者，性乱而贫。横理多者，性愚而贱。竖理直贯上指者，凡谋皆遂。[①] 乱理散出指缝者，百事多乖。纹细如乱丝者，聪明大雅。纹粗如横木者，愚鲁操劳。有龟纹、鱼纹、印纹、偃月纹、车轮纹者，皆主大贵。有田字纹、井字纹、十字纹者，亦主大富。心虚者其纹必显，心昧者其纹不明。又有掌平心平，纹正心正，纹横心横；纹浅机浅，纹深机深；纹多心绪多，纹少机关少；纹小识小，纹大识大之别，皆须一一详辨之也。[②]

---

① 竖理纹，西洋手相书名寿带纹，即坎纹直上离宫者。

② 《太清神鉴》。

论掌中卦位

乾属金，居戌亥之位，为天门，为父，包含万象，不同寻常。形势丰满、气色明润者，父阴有余，长子发达。形势低陷、气色枯暗者，父阴不足，子孙稀疏。

坎属水，居子丑之位，为海门，为根基。形势丰满、气色明润者，根基富有。形势低陷、气色枯暗者，根基贫乏。若见恶纹冲破，尤主水厄。[①]

艮属土，属丑寅之位，为坟墓，为兄弟。形势丰满、气色明润者，祖茔既佳，兄弟亦众。形势低陷、气色枯暗者，祖茔破败，兄弟参商。

震属木，居于卯位，为立身，为妻妾。形势丰满、气色明润者，立身高尚，妻妾和谐。形势低陷、气色枯暗者，立身困顿，妻妾刑伤。

巽属木，居辰巳之位，为财帛，为禄马。[②] 形势丰满、气色明润者，财帛饶余，指挥如意。形势低陷、气色枯暗者，财帛破耗，动定乖舛。若见恶纹冲破，尤差。

离属火，居于午位，为官禄。形势丰满、气色明润者，文则加官，武则进爵。形势低陷、气色枯暗者，无论文武，大都拂逆。

坤属土，居未申之位，为母，为福德。形势丰满、气色明润者，慈母康强，福德优厚，即子息亦主蕃衍。形势低陷、气色枯暗者，慈母疾苦，福德薄弱，子息亦主刑伤。若见恶纹冲破，尤凶。

兑属金，居于酉位，为子息，为奴仆。形势丰满、气色明润者，子息俊秀，奴仆忠实。[③] 形势低陷、气色枯暗者，子息愚顽，奴仆奸诈。若见恶纹冲破，非惟子息伤亡，且受奴仆及部下之害。

掌之中央为明堂，主目前之吉凶。掌中平坦无伤、气色明润者，凡谋皆遂。如有恶纹，或气色枯暗者，立见凶危。古人云："气色见于掌心，

---

① 若坎宫有竖理纹、直上离宫者，名寿带纹，主富贵。
② 即驿马。
③ 奴仆亦作部下论。

一观为定，久看到昏。”又云：“掌有紫色，眼下亦必有紫色。掌有青色，眼下亦必有青色。”须参观之。

掌中分列八卦，巽为初主，管二十五年；离为中主，管二十五年；坤为末主，管二十五年。看其何宫丰满，即知其财禄兴旺，发于何时；如有缺陷，则多成多败，煞费精神。再验其掌纹，以决财禄之聚散。大致纹理细密者，财禄多聚；纹理粗疏者，财禄多散。[①]

① 《艺术典·相术部》参考。

论掌中三奇

三奇者，掌中之坤、离、巽三部，突起肉峰也。如巽宫一峰高大者，主初年发达，财帛极旺。离宫一峰高大者，主中年发达，功名极显。坤宫一峰高大者，主晚年发达，福寿终吉。《玉掌记》云："掌中有堆峰，福禄必崇隆。"此之谓也。[①]

① 如兼看掌上之三才纹断之，尤为周密。同上。

论言语

人之心与物对，而反为物所诱也，则情伪百出，而寓之言，则其未尝无悔吝。心之所生，故言不妄发也，必守礼焉；言不妄陈也，必有序焉。言中理而有序，非贵人则为有道之士，故通达者言显，刚正者言厉；简静者言寡，忠直者言恪；谦恭者言逊，蔽执者言僻；虚诞者言繁，躁急者言怨；猛勇者言暴，谄谀者言媚；奸狡者言不尽，意毒害者言而含笑；好高则言高，好大则言大。言之所主，以此验之。其为人也，言之泛泛，终成大器；言之落落，终不困滞。大凡人言贵乎气平，气平则言有法度；贵乎气和，气和则言有章制。与人之言，贵乎有信；接人之言，贵乎有礼。谗言不入耳，邪言不出口。听言观行，审而订之。得此道而言，决非寻常之流。如纵口而言，不辨利害，不论是非，乃大罔人之言也。①

① 唐宋齐邱《玉管照神局》。

论行坐

夫行者，进退之节，去就之义，所以见其贵贱之分也。人之善行如舟之遇水，无所往而不利也。不善行者，如舟之失水，必有漂泊没溺之患也。是以贵人之行如水之流下，而身重脚轻。小人之行如火之炎上，而身轻脚重。故行不欲昂首而躩，又不欲侧身而折。太高则亢，太卑是曲，太急则暴，太缓则迟。周旋不失其节，进退各中其度者，至贵人也。且行而低头者多智虑，行而昂头者少情义。行而偃胸者愚而下，行而身平者福而吉。蹭蹬而来者，性行不妙。泄泄而往者，财食有余。脚跟不至地者，穷而夭寿。发脚急如奔者，贱居人下。行而左右偷视者，心怀盗窃。行而转面后顾者，情虚惊乱。大抵行之贵也，腰不欲折，头不欲低，发足欲急。进身欲直，起走欲阔，端往而不凝滞者，皆上相也。

人之行者属阳，坐者属阴。故行者体阳为动，坐者体阴为静。凝然不动者，坐之德也。坐而膝摇者，薄劣之人也。坐而头低者，贫苦之辈也。坐而转身回面者毒，坐而摇头摆脑者狡；巍然如石不动者富贵，恍然如猿不定者贫贱。坐定神气不转者，忠良福禄；坐定乱色变容者，凶恶愚贱。坐之为道，“不端不正，其相不令；能谨能严，其福自添”。又云：“坐所以安止，欲沉静平正，身不斜不侧。体重磐石，腰背如有所助，终日不倦，神色愈清者，贵相。若如醉如病如有所思者，皆不善相也。”[①]

① 唐宋齐邱《玉管照神局》。

论心术

形不胜貌，心不昧术。夫昧者不明也，为物所役，故屈于用心；为事所夺，故谬于择术，卒至凶咎悔吝之及也。然后怨天尤人，比比皆是。每一念想，未尝不为太息。然临事制物，正心术，而可取者有七；乖心术，而不可取者亦有七。所可取者何？一曰忠孝，二曰平等，三曰宽容，四曰纯粹，五曰施惠，六曰有常，七曰刚直。其不可取者，一曰险恶，二曰邪秽，三曰苛察，四曰矜夸，五曰奔竞，六曰谄谀，七曰苟且。此皆由心术之不同，而惑于异也。故古人有"论心择术"之戒也。或曰：心术之不可取与所可取者，各异其形。可得闻乎？曰：貌端气和者忠信，骨正色静者平等，眉开眼大者宽容，和气间暇者纯粹，面开准黄者施惠，鼻直神定者有常，形肃貌古者刚直。有是七者，在所取也。眼凶神露者险恶，眼凶色嫩者邪秽，眼深肉横者苛察，眼有忿气者矜夸，眼急色杂者奔竞，视流容笑者谄谀，气麄身摇者苟且。有此七者，其心术在所不取也。如眼下肉生，龙宫、福堂黄气盘绕，是有阴德之人也。夫德物无心，临事无物，体道而出，体道而入，世间种种，一无干吾之灵台，果何心术之有哉！所谓心术者，乃以勉人之不及而已。惧而行之，亦可以同归乎善而受道也。[①]

---

① 后周王朴《太清神鉴》。

论九德

郭林宗曰：观人有九德：一曰容人之德，二曰乐善之德，三曰好施之德，四曰进人之德，五曰保常之德，六曰不妄之德，七曰勤身之德，八曰爱物之德，九曰自谦之德。

诗曰："大德如沧海，宽和万物归。保常终不变，乐善自知机。岂肯为贪鄙，何曾说是非。粹然如美玉，日日发光辉。观子形虽贱，谁知德内充。天心终获善，衣食自丰隆。爱物功何溥，勤身道有容。相形先相德，此理合神功。""贵相堂堂神骨清，贫容穷貌体常轻。要知相物之元本，先相心田后相形。"①

① 唐宋齐邱《玉管照神局》。

论疾病死生之相

病人眼有神气者生，气脱者死。天柱正、目活者生，目扺项下，或眼光射出者死。瘦而不枯瘁者生，肥而无血色者死。有喜容而色正者生，悲啼者死。舌濡润者生，舌短缩者死。风而口噤者生，口闭者死。神光上黄明者生，暗者死。黑气如散云者生，聚者死。黄红如浮云者生，黑气入耳者死。气宽而长者生，短气者死。语声响滑者生，短缩者死。人中润泽者生，枯干者死。十指红润、准头明朗者生，天庭黑、山根青、竹衣生两耳、髭须似铁条、指甲黑者，皆主死。[①]

五脏有五气，五气各有时。春三月，白气入口耳鼻者死，此得囚死色也。余皆仿之。凡看病人，青色从上入下者易瘥，从下去上者难愈。凡常白忽黑、常黑忽白、常肥忽瘦、常瘦暴肥、神魂常静而恍惚似醉者，色泽常清而忽昏浊如黯者，丰足不常之变，尽为卒死之兆矣。病人目冥冥妄视、舌卷缩者，谓之心绝，即日死。面色惨黄、唇青短缩者，谓之脾绝，不出十日死。齿牙干焦、耳黑而聋者，谓之肾绝，不出旬日死。口张不合。眼睛反恶者，谓之肝绝，不出旬日死。皮肤枯槁、鼻黑孔露者，谓之肺绝，不出旬日死。凡人目下五色并起者，不出十日死。发直干脆者，不出半月死。面色忽如马肝，望之一如青龙之黑，不出三日死。四墓发黑色者死，年上横黑气者死。[②]

凡看五色，必须按四时判之，乃验。春三月，青色旺，赤色相，白色囚，黄黑二色皆死。夏三月，赤色旺，白黄二色为相，青色死，黑色囚。秋三月，白色旺，黑色相，赤色死，青黄为囚。冬三月，黑色旺，青色相，白色死，黄赤为囚。若五行之色，得旺相者吉，得囚死者凶。此不仅看病人之色，当如是也。[③]

---

① 唐宋齐邱《玉管照神局》。

② 后周王朴《太清神鉴》。

③ 《照胆经》。

论各省人相不同

山川粗秀，百里不同。此人生形性，所以有厚薄重轻清浊之异也。闽山清耸，人俗于骨，故闽人不相骨。浙水平而土薄，人俗于清，故浙人不相清。胡土重厚，人俗于鼻，故北人不相鼻，西域人亦不相鼻。淮水泛浊，人俗于重，故太原人不相厚重。若宋人俗于口，故宋人不相口。蜀人俗于眼，故蜀人不相眼。鲁人俗于轩昂，故鲁人不相轩昂。江西人俗于色，故江西人不相色。又云：浙人之气，重而不明；淮人之气，明而不重；南人之气，清而不厚；北人之气，厚而不清。又云：南人北形，富贵高名；北人南形，产业如倾。如此之类，皆风土致异故也。①

---

① 唐宋齐邱《玉管照神局》，参后周王朴《太清神鉴》及《照胆经》。

论女人九善[1]

头圆额平为一善，骨细肉滑为二善，发黑唇红为三善，眼大眉秀为四善，指纤掌软、纹如乱丝为五善，语声小圆而清如流泉为六善，笑不见睛、口不露齿为七善，行步详缓、坐卧端雅为八善，神气清媚、皮肤香洁为九善。女人有此九善，必主高贵。

---

① 凡相妇女，须令先行数十步，或于无意中相之，尤妙。

论女人九恶

丑面突颧为一恶，主妨夫。结喉露齿为二恶，主招横祸。蓬头乱发为三恶，主下贱。蛇行雀步为四恶，主贫贱。眉逆横交为五恶，主妨害六亲。鼻下勾纹为六恶，主妨克儿男。目露四白为七恶，主毒害凶狡。雄声焦烈为八恶，主刚暴再嫁。生髭黑子为九恶，主顽贱丧子。女人有此九恶，不可同居。

珊按：妇女之相，得九善者，固可膺福。得九恶者，何尝不可免祸？只须谨遵《仪礼》之三从，勉效曹大家之四德，则九恶潜消，千祥云集矣。

论女富贵

鼻直如悬胆，唇方口似胚。眉疏并眼秀，齿白更方颐。耳耸垂珠软，神和色又怡。额方分日月，体白润香肌。坐稳如山立，神严不去卑。莫言当自贵，更主子孙奇。

论女贫贱

额窄又高眉，唇掀口不齐。面轻身铁硬，体薄更无威。耳小垂珠浅，鬈毛鼻骨低。哭形须再嫁，鬼脸定无儿。淫光生眼角，嫉妒更奸欺。莫言今受苦，晚岁更羁栖。[1]

① 以上《太清神鉴》。

论女人之相有八字秘诀

一见可敬者，贵寿而生男也。有威媚态，精神端肃，声音和谐，坐视平正，得纯和之气故也。

一见可重者，贞洁而载福也，精神肃穆，举止端庄，腰圆背厚，面方胸阔，声音清朗，言语温雅，肃然不可犯。

一见可喜者，邪荡而易诱也。行动多风流媚态，令人有所思想也。

一见可轻者，贪薄而妖贱也。行如蛇，坐如斜，言语痴，笑容谄。

一见可畏者，刚强而欺心也。声浊面横，额阔颧高，雀步蛇睛，似男子气象也。

一见可恐者，刑克而恶极也，男声，蜂目，狼愿。

一见可恶者，丑陋怪臭硬也，丑者，蛇形鱼胸，掀唇露齿，眼白多，鼻孔仰，行如奔，语声破。陋者，摇手摆头，咬指行斜。怪者，颧高眼深，发短指齐，目凹，唇有须。臭者，身臭、口臭、狐臭、阴臭。硬者，身硬、手硬、口硬、鬓毛硬也。

一见可骇者，螺纹鼓角脉也。螺者，阴户内旋，有物如螺也。纹者，窍小，实女是也。鼓者，无窍如鼓，石女也。石，名为阴脡。角者，阴户有物如角。脉者，一生经水不匀及崩带下漏等情是也。[1]

---

① 《相图秘旨》。

论生产

女面赤色，主有产厄。[①] 唇齿不盖，终有妨害。女人面上黄，怀胎得平康。人中发黑紫，妇孕必生双。孕妇左边青色至，是男；右畔红色至，是女。色明艳易生，色枯槁难产。临盆日近，只看右手掌心，明润色红主产男，青白主女。仔细观察，莫不奇验。[②]

---

① 唇红不忌。

② 《艺术典·相术部汇考》。

论小儿之相

儿初生，叫声连延相属者寿。叫声绝而复扬、急促者不寿。

啼声散者不成人，啼声浮者不成人。

脐中无血者寿，脐小者不寿。

通身软弱如无骨者不寿，鲜白长大者寿。

初生自开目者，不成人。目视不正数动者，大非佳兆。

污血者多厄不寿，汗水流者不成人。

小便凝如脂膏者不成人，常摇手足者不成人。

早坐、早行、早齿、早语，皆为恶性，不是佳兆。

头毛不周匝者不成人，发稀少者不成人。

额上有旋毛者早贵，惟妨父母。

耳后小高骨，名玉枕，又名玉环骨，高起者寿。

儿生枕骨不成者，能言语而死。

尻骨不成者，能倨而死。踵骨不成者，能行而死。

膑骨不成者，能立而死。如鱼口者死，股间无生肉者死。

阴入如无者死。阴囊下白者死，赤者亦死。卵缝通达黑者寿。

儿小时、识悟通敏过人者多夭。小儿预知人意、回旋敏速者夭。[①]

① 《艺术典·相儿经》。

论婴儿贵贱寿夭之相

孩童可养，声大有神。夭折难成，肾浮不紧。

头圆骨耸，易长而利益双亲。额方面长，安稳而吉祥迭至。

山根青气，出世累见灾危。鼻上赤色，初岁多生浓血。

阴囊若荔实，必为坚耐之儿。面肉类浮沤，乃是虚花之子。

头扁无脑骨，能言而亡。目滞欠精神，能行而夭。

鼻梁低小，常有啾唧之灾。发际压遮，每为孤刑之子。

眉头牵额，利处山林。面陷无颧，难居家宅。

孤峰独起，骨肉参商。两眉散乱，妻儿隔角。

眉不盖眼，一生财耗。目大露光，数岁夭折。

下轻上重，末主伶仃。上阔下尖，晚无结果。

再观耳门，阔大主寿。细听声音，响亮主寿。

神气有余而好戏要者，衣服整齐而发言清爽者，皆主富贵。反此多主贫贱。

阴如截筒者贵重，阳大者蠢愚。此又不可不知也。[①]

---

① 《艺术典・相术部汇考》。

论小儿疾病之气色

凡小儿疾病，看其气色，先看山根年寿，后看命门口唇。[①] 见青色者，五日死。见黄色者，三日死。人中黑，休望再活。印堂赤，难许退灾。天仓赤，不是好色。[②] 地阁黄，必死无疑。若目光散而唇青黑。即刻身亡。倘命门与人中俱白，印堂色黄。天仓赤退，口唇见白，旬日病愈得生。至于痘疹，当看耳尻、耳轮、耳珠。[③] 此三处，皆宜明润。最忌黑暗。若头皮项皮色赤。主十有九死也。[④]

---

① 命门，主寿考，即耳前骨也。

② 天仓在鱼尾奸门之外旁。

③ 尻音考，脊骨尽处也。

④ 柳庄语。

中西相人探原卷下

人伦大统赋

《四库全书·人伦大统赋提要》云：臣等谨按：《人伦大统赋》二卷，（金）张行简撰。行简字敬甫，莒州日照人，礼部侍郎晞之子，大定十九年进士。累官礼部尚书、翰林学士承旨、太子太傅，赠银青荣禄大夫，谥文正，事迹具《金史》本传。行简世为礼官，于天文术数之学，皆所究心。史称其文章十五卷，《礼例纂》一百二十卷。会同朝戏禘祫丧葬，皆有记录；及清台、皇华、戒严、为善、自公等记，藏于家，而独不载是书之目。黄处稷《千顷堂书目》，有《人伦大统赋》一册，亦不著撰人姓名。惟《永乐大典》所录，皆题行简所撰，且有薛延年字寿之者，为之注。序末称皇庆二年。皇庆乃元仁宗年号，与金时代相接，所言当必不误，盖本传偶然脱漏也。其书专言相法，词义颇为明简。延年序谓提纲挈领，不下三千言，囊括相术殆尽，条目疏畅而有节，良非虚誉。惟意欲自神其术，中间不无语涉虚夸，此亦五行家附会之常，不足为病。至延年之注，虽推明详尽，而于不待注而明者，亦复概行赘人，冗蔓过甚，转不免失之浅陋耳。原本卷帙无多，而检勘尾首完具，当为足本。金源著述，传世者稀。今特加厘订，著之于录，庶考术数者，尚得以窥其崖略云。

乾隆五十年二月恭校上。

总纂官臣纪昀。臣陆锡态、臣孙士毅。

总校官臣陆费墀。

按：提要谓《人伦大统赋》专言相法，词义颇为明简。至延年之注，虽推明详尽，而于不待注而明者，亦复概行赘人，冗蔓过甚，转不免失之浅陋。珊谨遵此旨，备载张赋，而薛注则择要录存，免致冗蔓。惟全赋文字颇长，兹略分章节，稍加音释，盖为便览云尔。

丁丑春初，树珊谨识。

总论第一[①]

贵贱定于骨法，忧喜见于形容。

悔吝生于动作之始，成败在于决断之中。

凡人之禀气结胎，贤愚贵贱，修短吉凶，皆定于骨法也。骨为君，肉为臣。骨肉欲其相辅为贵，骨露肉薄者主于下贱。故贫薄富贵，皆由气禀所致，则鬼神不能移，圣贤莫能易也。

〇珊按：古今来积大阴德之人，有凶易吉者；损大阴德之人，亦有吉易凶者。详见本书下卷。忧喜乃未来之事，人莫能知。忧喜未分，则气色朝夕发于面部。其吉者著喜色，凶者著凶色。青忧疑，赤口舌，白哭泣，黑死墓，黄喜庆，故吉凶表之于形容。《易》云："吉凶悔吝生乎动。"是以贵人之相，行若浮云，坐如定石，端厚谨言，性情宽逸。反此者，多主贫贱。成败者，得失之本也。人有所谋，必须刚断，不可狐疑。古云"当断不断，反招乎乱"是也。

气清体羸，[②]虽才高而不久。

神强骨壮，保遐算以无穷。

颜若冠玉，声若撞钟。

注：气清体羸，常以不病似病，谓之形神不足，虽有高才，远不若神强骨壮之大寿。人之颜色，不以青黑为贱，不以红白为贵，须要似美玉之温润乃贵。然不欲嫩，《鬼谷子》云：色嫩气嫩，邪人也。纵有成立，亦不长久。钟声有余韵，良久不绝。凡人之声，贵乎幽远，出于丹田之中。若浅短蹇涩破败，皆主贱夭。

四渎须宜深且阔，五岳必要穹与隆。

---

① 骨肉、神气、四渎、五官、六府、性行、身材。

② 羸音累，瘠也。

五官欲其明而正，六府欲其实而充。

一官成，十年贵显。一府就，十载富丰。

注：四渎：耳为江、口为河、眼为淮、鼻为济，须要深阔崖岸。

五岳：额为南岳衡山、鼻为中岳嵩山、颏为北岳恒山、左颧为东岳泰山、右颧为西岳华山，五岳俱要峻极丰隆。

五官：口为出纳官、鼻为嗅臭官、耳为审听官、目为监察官、人中为保寿官，欲其明而端正，不宜孤露偏斜。

一云：眉为保寿官、鼻为审辨官、耳为采听官。口与目仍同上说。

房玄龄龙目凤睛，三台位列。

班仲昇鹳颔虎颈，万里侯封。

注：龙目，若悬珠，光芒不动，如寒潭秋水。凤睛，前眦圆，后眦长，目若刀裁，黑白分清，瞻视平远。房玄龄，字乔，唐之名相，临淄人。太宗为秦王时，玄龄为记室，从征伐，富有谋略，太宗比之萧何。累官尚书左仆射，居相位十五年，举贤才，兴文教，致贞观之治。卒年七十一，封梁国公，谥文昭。燕颔，即颔平环满，地阁阔大。虎头，即头顶方隆，色泽光莹。班仲昇，[1] 名超，东汉安陵人，彪之子。少有大志，家贫，佣书养母。其后行诣相者，曰：祭酒布衣，诸生耳，而当封侯万里之外。超问其状，相者指曰：生燕颔虎颈，飞而食禄，此万里侯相也。明帝时，使西域，服西域五十余国，任西域都护，封定远侯。和帝时，年老受代还。在西域三十一载，卒年七十一。

英眸兮掣电，豪气兮吐虹。

若赋性粗恶，祸必及。

如条德惕厉，禄永终。

注：英眸者，胆视俨然，目若掣电。豪气者，言辞磊落，志气峥嵘，若吐虹晲。[2]

上长下短兮，万里之霄汉腾翼。

---

① 《后汉书》昇作升，鹳作燕。

② 虹音洪，晲与霓同，读如霓。乃太阳光线与水气相映，现于天空之彩晕也。雨后新霁当见之。

下长上短兮，一生之踪迹飘零。

注：凡人之身，若腰长脚短，如鹍鹏飞腾，霄汉摩空，万里之间，往还无所滞也。若脚长腰短，则飘零流落于他邑也。

论额第二

惟人禀阴阳之和，肖大地之状。

足方兮象地于下，头圆兮似天为上。

音声比雷霆之远震，眼目如日月之相望。

鼻额若山岳之耸，血脉如江河之漾。

毛须兮草木之秀，骨节兮金石之壮。①

欲察人伦，先从额相。

偏狭兮贱夭足恶，耸阔兮富贵可尚。

若见伏犀之骨，定作元臣。

如有额道之纹，决为上将。

注：伏犀骨，自印堂至天中，隐隐骨起，直入发际，光泽无破，必作公卿。额道纹者，由左边地至右边地，见横直之纹如刀痕状，别无纹理衡破，定为将帅。

右偏母妨，左偏父丧。

山林丰广多逸豫，边地缺陷足悽怆。

覆如肝而立如壁，寿福实繁。

耸若角而圆若环，食禄无量。

注：山林在前额左眉角上，边地即边城在左额眉梢之上，额若覆肝而平，或如立壁而直，主多福寿。若额耸若角，其圆如环，主食天禄。

尘蒙而身无所资，玉润而名高先唱。

丰隆明者，生必早达。卑薄暗者，死无所葬。

福堂之上气暗惨，幼岁多迍。

驿马之前色黄明，壮年受贶。

① 此乃略论全身。

迍，音屯，难行不进貌。贶，音况，赐与也，光宠也。

注：额若无润泽之色，如尘垢蒙覆，无甔石之储。额如美玉之温润，主声闻清高。丰隆光明者，主少年显达。福堂在眉上，[1] 驿马在边地下，眉尾后。

色贵悦泽，纹宜舒畅。

贫薄孤独，曲水漫浪。

注：悦泽，指气色言，谓光泽则悦也。舒畅，指纹理言。若乱纹薄额，纵横相交，谓之曲水漫浪与舒畅迥异，故主孤独。

居侯伯者，偃月之势。处师傅者，悬犀之象。

鼎足三峙，列三公以何疑。牛角八方，厕八位而无妄。

厕，读如次，间也，次也。

注：额如偃月势者，谓额有双峰，上如偃月，主公侯伯子男之爵。额有悬犀者，其悬犀骨在福堂上，高隆若角，直接山林，主处师傅之位。鼎峙三足者，额有伏犀骨，日月角俱起，若鼎之三足，主位列三公。牛角八方者，盖额有八骨，乃伏犀骨、日月角骨、边地骨、龙角骨、虎角骨、牛角骨、福堂骨、印堂骨，有此八骨者，必登廊庙，通达八方。

○珊按：伏犀骨在印堂之上，直达天中。日月角骨在左右额眉角之上，边地骨在左右额眉梢之上，逼近发际。龙角骨在日角之左，虎角骨在月角之右，牛角骨在中正两侧，福堂骨在两眉梢上，印堂骨在两眉中央。总之，骨宜丰隆而忌塌陷耳。

① 又云：福堂即印堂也。

论眉第三

观夫眉宇宽广，心田坦平。

狠愎者低凹其骨，狂狷者陡高其棱。

愎音弼，狠戾也。狷，音绢，褊急也，介也，有所不为也。凹，音坳，凡物之低下者皆曰凹。

注：骨指眉骨言，棱指眉棱骨言。

麁厚愚鲁，秀浓慧明。

短不及目者贫贱，长能过眼者宠荣。

尾散者资财难聚，头交者身命早倾。

中心直断惠性少，两头高仰壮气横。

毛直性狠，毛逆祸生。

覆目柔软而少断，偃月高揭而好争。

偃，烟上声，仆也。揭，音结，举而竖之也。

扣捉无间，伤蜉蝣之短晷。

蜉蝣，虫名，长六七分，头似蜻蛉而小，有四翅，后翅甚小，体细而狭。尾毛有三，细长如丝。夏秋之交，多近水而飞，往往数小时即死，故有朝生暮死之说。

毛长及寸，享龟鹤之遐龄。

注：头交及扣促无间，皆眉头交锁印堂之谓也，多主寿夭。中心直断，谓眉中间直断，或纹破者，主无慈惠之心。毛指眉言，长及寸者，谓之寿毫，四十岁后生者主寿永。

论目第四[1]

欲察神气，先观目睛。贤良澄澈，豪俊精英。

性端正者，平视无颇。情流荡者，转盼不宁。

黄润定至于黄发，白干终至于白丁。

注：眼睛黄润，发白而稍黄者，主寿考。眼若干而不秀，终作白衣之士。

愿下言徐，叔向知其必死。视端趋疾，魏主见乎得情。

注：昭公十一年夏五月，单子会韩宣子于戚，视下言徐。叔向曰：单子其将死乎？朝有著定，失则有缺。今单子为王官伯而命事于会，视不登带，言不过步，无守身之气，死将至矣。是年冬，单子果卒。

○智伯率韩魏之兵而攻赵，以水灌之，城不浸者三版，城降有日。智伯之臣絺疵，见桓子与康子，俱无喜志，而有忧色。絺疵谓智伯曰：二子必反矣。智伯不听。明日智伯以絺疵之言告二子，二子曰："此夫谗言使主信，懈于攻赵也。"二子出，絺疵入，曰："主何以臣之言告二子？"智伯曰："子何知之？"絺疵对曰："臣适见二子，视臣端趋疾，知臣得其情故也。"智伯不悛，絺疵请使于齐。后二子与赵襄子约定，决水反灌智伯之军，其军大败，杀智伯，尽灭智氏之族。

神陷短寿，睛凸极刑。

凸，豚入声，凹之反。凡物高出者，皆曰凸。

斜盼者人遭其毒，痴视者自克其形。

淫眼神荡，奸心内萌。

注：眼神流荡而不收，其人必淫。

目神若尘垢之蒙，其心必奸。

睡眼神浊而如睡，惊眼神怯而如惊。

---

① 女人附。

病眼神困而如病未愈，醉眼神昏而如醉不醒。

豁如视而有威，名扬四海。

迥然惊而不瞬，神耀三清。

注：豁如，神藏貌。九夷、八狄、七戎、六蛮，谓之四海。迥然、突然也。道家以玉清、上清、太清为三清，皆仙家所居之府。

眦圆者，其机深于城域。

堂露者，厥子乃是螟蛉。

注：眦谓目眶，堂谓泪堂，露谓破露。

犬羊鹅鸭何足算，鸡鼠蛇猴奚可评。

豕视心贪而多欲，狼愿心狠而难名。

注：古本“贪”作“圆”，“多欲”作“无定”。

○猪眼朦胧，黑白不明。狼愿，谓回愿而身不转也。

后尾有如刀裁，文斯博雅。

前眦似乎钩曲，智足经营。

注：眼后鱼尾长远，若刀裁之状者，主多文。眼前眦若钩曲之状者，主多智。

惟女赋质，与男异祯。

和媚有常者贵重，圆凸不秀者贱狂。

脸薄赤而少节，睛莹澈而多贞。

脸，音检，目下颊上也。

注：薄赤者，主少节。目睛澄澈，湛然若水者主多贞。

眼下气青夫必哭，尾后色白男必憎。

三角多嗔，为妨夫之霜刃。

四白带杀，作害子之青萍。

注：妇人眼有三角形者固凶；目露四白，赤缕贯睛者尤凶。霜刃、青萍，皆指剑也。

论耳第五

惟耳者主声音之听闻，为心贤之司牧。

观其形状色，见乎休咎荣辱。

垂珠朝海，必延算而余财。

偃月贯轮，终朝王而执玉。

注：耳珠朝口为朝海、主富寿、耳有城郭如新月偃仰为贯轮、主贵显。

圆而成者和惠，偏而缺者惨酷。

其薄如纸兮贫早死，其坚如木兮老不哭。

白而过面，主声闻之飞腾。

莹且如轮，主信行之敦笃。

似猪者不聪而贪婪，如鼠者好疑而积蓄。

婪音岚，贪也。

注：耳虽大，无轮郭，又无垂珠，谓之猪耳。鼠耳本小，有郭无轮。

轮靥虽明，假学则贵。孔毛能长，善持不覆。

注：假，借也。假学，谓须借学术以博贵也。孔毛，谓耳中所生之毫，主寿。不覆，谓不颠危也。性谲诈而难测，盖谓如猴。

粮匮乏而靡充，率由似鹿。

注：猴耳尖而向前，耳门窄小，主谲诈奸猾。鹿耳之形如莲瓣之状，主轻财尚义。

薄如向前，卖尽田园。反而倒后，居无室屋。

昏暗难议乎登第，焦枯屡叹其空轴。

注：耳色昏暗，耳色焦枯，皆主贫困。轴为织具，空轴，谓无所用之也。

寿越眉兮贵噀血，聪明润兮富贴肉。

噀，音巽，含水喷也。

注：耳过于眉为越眉，其色鲜红如噀血，主大寿。耳色明润贴肉，主富足。

轮靥生乎黑子，智足经邦。

门辅起乎匿犀，功当剖竹。

注：耳前轮生黑子者固贵，耳门骨藏丰满者，谓之匿犀，尤贵。

论鼻与人中第六

惟鼻者，号嵩岳以居中，为天柱而高矗。

矗音触，高起也。

梁贵乎丰隆贯额，色贵乎荣光溢目。

窍小悭劣，头低孤独。

注：头，谓准头也。

斜如芟藉之状，因乏瓶储。圆如悬胆之形，荣食鼎悚。

芟音衫，刈草也。悚音速，鼎食也，膳也。

青黑多凶，黄明广福。

柱缺终身难荐鹗，梁断三十当畏鹏。

鹗，鹏属也。

注：天柱缺者难荐鹗，谓不得仕进也。

〇鹏音服，鹗属。鹏鸟乃不祥之鸟，如人见之必死，言其凶也。

注：梁断，谓鼻梁断也。主寿短。

大而滞者为贾旅，小而狭者作童仆。

注：鼻虽大，其色滞，为贾旅，可获利。鼻小而狭，只作童仆而已。

极贵之色，似老蚕之光明。

下愚之人，若蜣螂之局促。

注：准头黄明，主极贵。鼻短低凹，若蜣螂局促，主下愚。蜣螂，俗谓运屎虫也。

完美宜官，破露忧狱。

准头隆者诚信，法令深而严肃。

注：准头，即鼻尖也。法令，乃鼻之左右纹也。

疾病尖薄，悭吝小缩。

兰台明兮庭旅实，井灶露兮厨无粟。

注：庭，宫中旅众也。实者，富也，庶也。兰台井灶，谓鼻孔也。

骨如横起，忌与结于友朋。纹若乱交，慎勿为乎眷属。

注：鼻骨横起者，不宜相亲为友。鼻上纹理乱交者，必诡行，虽父子不同其心。若是女子，莫为眷属。

夫人中者，沟洫之态。深则疏导，浅则滞延。

浅短绝嗣而夭命，深长宜子以遐年。

黑子难产乎蓐上，横纹殍死于道边。

注：人中有黡者，妇主难产。蓐音辱，俗谓草荐也。山根有横纹截断，当饿死于道傍。

上狭下广兮多后旺，下狭上广兮屡孤眠。

注：后旺谓晚发子多，孤眠谓鳏夫无子。

深长者诚信著，宽厚者功名先。

微如一线之绀，身填沟壑。

明犹破竹之仰，家世貂蝉。

注：人中微窄如一线之绀痕者，主死填沟涧。绀音崩，以绳直物也。人中形如破竹之仰者，主高贵。貂蝉，贵人舆服也。

论口唇齿舌第七

唯口者，语言之钥，是非之关。

祸福之所招，利害之所诠。

端厚寡辞者，定免乎辱。

诽谤多言者，必招其愆。

肥马轻裘，由方成于四域。

注：口若四字之形。

出将入相，盖大容于一拳。

注：口大能容其拳。

唇欲厚，语欲端。音欲朗，色欲鲜。

上下纹交子孙众，周匝棱利仁信全。

噀血余资，似括囊而贫薄。

含丹多艺，如吹火以酸寒。

注：噀血、含丹，皆谓色鲜红也。括囊，谓口如括结之囊。吹火，谓口如吹火之形。

合势欲小，开势欲宽。狗贪马馁，鼠馋蜂单。

注：凡人食物，若似狗之贪食，马之喃草，鼠蜂之偷食，皆主下贱。

大言寡信者略绰，无机促龄者偃蹇。

注：略绰，谓唇无棱理，上下不相当也。偃蹇，谓人中蹇起，下唇越上。

青黑祸发，黄白病缠。

左右纹粗定凶恶，上下急荡多迍邅。

注：口之左右，忌见粗纹。急荡者，谓不言而唇自动。

如鸟喙者，高人多难共处。同剑镡者，义士可与交欢。

鸟喙，上唇尖也。镡音潭，剑鼻也，即剑之隔手。

惟寿算之前定，以牙齿之可观。

康宁者齐且密，贱夭者疏不连。

上覆下兮少困，下掩上兮老鳏。

注：上覆下，谓上牙盖下牙。下掩上，谓下牙盖上牙。

班马文章，白如瓠犀之美。

注：班谓班固，东汉人，彪长子，字孟坚，博通载籍。明帝时，典校秘书，续成父子之《西汉书》，时人比之迁、董。永元初，因事系狱，遂死，时年六十一。

注：马谓司马迁，汉人，字子长，生于龙门。父谈，为太史公。迁继父业。李陵降匈奴，武帝怒甚，迁极言陵忠，下腐刑。乃䌷金匮石室之书，上起黄帝，下止获麟，作《史记》。序事辨而不华，质而不俚，刘向、扬雄皆称为良史之材。瓠，皮遥切。犀，音西。《诗》云："硕人齿如瓠犀。"言瓠中之子，密排洁白而整齐也。

乔松寿考，莹如昆玉之坚。

注：享乔松之寿者，其人齿白莹坚，如昆山之美玉也。

当门二齿缺，则命蹇于没世。

学堂一官全，则声闻于天下。

注：当门二齿为学堂，缺者一生蹇滞。若大而明者，主享盛名。

焦黄困乏，鲜明足钱。

二十四兮命折，三十六兮寿延。

注：二十四齿，疏而不连者夭。三十六齿，紧而密者寿。

尖若立锥，必乏衣食之士。齐如编贝，优登廊庙之贤。

注：齿尖如锥者赤贫，齐如编贝者大贵。编贝，海介虫也，色最莹白。

惟舌者，以短小薄钝为下，以长大方利为先。

方长者咳唾成玉，短小者皂隶执鞭。黑子凶恶，粟粒荣迁。

注：舌上有黑靥者恶，舌上有粟粒者荣。

黯紫布衣而肘露，鲜明金带而腰悬。

注：黯紫鲜明，皆以舌色言。

七星理明，可享千钟之禄。三川纹足，必食万户之田。

注：舌上有七星靥者，贵为上卿。舌上有川字纹者，富拥万户。

论肥瘦第八

尤为瘦人项短致灾殃，肥人项长必夭横。

如罂如瓶总非吉，似鹅似豕皆不令。

注：罂瓶、皆为瓦器、项下垂若器者，非吉兆也。

鹅项太长，猪项太短。

注：咸不得中也。

丰圆厚实多财产，光隆温润足权柄。

瘦人结喉身孤兆，肥人结喉刑克证。

项后丰起，定为福厚之人。

颔下绦垂，永保遐龄之庆。

注：项后丰起，谓项后之骨丰而起也。颔下绦垂，乃项上有横纹转通也。一名寿绦。皆主福寿。

论背第九[1]

夫背所贵者丰隆，身乃恃而安定。

贫夭绝嗣者，偏侧欹斜。

富贵润厚者，阔厚平正。

势若据山之蹲虎，利宾于王。

形如出水之伏龟，考终厥命。

注：背势似山中坐虎，有威力者，足为王佐宾友之臣。背如出水之龟者，则寿考而善终矣。

龙骨欲长而充实，虎骨欲短而坚硬。

注：龙骨者臂，虎骨者膊。上壮下细者为龙吞虎，下壮上细者为虎吞龙也。

鸢肩者腾上必速，恐不多时。

犀膊者为儒早亨，优于从政。

鸢为猛禽，形态与鹰略同，惟嘴较短，尾较长，飞翔时翼不频动，若静旋空中。有所搏击，则自空疾下。

注：鸢肩，谓肩升出也。

〇膊，音博。臂为近肩之上膊，肘以下为下膊，与手掌相连处谓之宛，因其宛屈也。犀，兽名，较象略小，角生鼻端，角坚致，可以制器，国医用为药品。

注：犀膊，谓丰而圆厚也。

---

① 肩膊附。

论手第十

指节欲其纤直，腕节欲其圆劲。

厚而密者，谋必有得。薄而疏者，心多不称。

势若排竿贵可羡，色如噀血富可竞。

身卑才薄，涉中满而起倾。

禄厚官荣，有驷马之形胜。

注：掌之中心浇薄，周围而起骨，谓之起倾，主身卑学寡。掌厚背厚而掌中有印旗之纹，主名高学富。

横纹下愚，纵理慧性。

注：横纹而短者愚，纵纹而长者慧。

骨露筋浮者忧身贱，[1] 皮坚骨枯者愁囊罄。

家般而黑子斯明，用足而横纹乃亙。

亙，居邓切，俗作亘，竟也。言物之延长，自此端竟彼端也。

注：手心有黑子，或有横纹通直者，皆主丰富。

富贵之相，若苔之滑而绵之软。

寿安之人，如筍之直而玉之莹。

① 一本忧作主。

论心胸腹脐第十一[1]

心宰视听，内主魂魄。帅六府之气，统五脏之神。

颜色始变，是非已分。恶则祸结，善则福臻。

胸凸者懆而多劣，[2]毛长者刚而好嗔。

坑陷浅窄，愚暗而多居下贱。

宽平博厚，贤明而早厕缙绅。

注：心为五脏之主，宅神魂，宰视听，居形体之内，不可得而见也。其可得见者，心之外表也。心欲宽平博厚，不欲坑陷窄狭。宽博者智虑深，狭窄者愚贱多。若胸膺骨高起，或胸堂上生毛者，性情懆劣，非贱即愚。

注：若乳上有毛三根以上，十根以下，或乳头像椹，皆主足财。

腹为水谷之海，脐为筋脉之源。

包万物而独化，总六府以中论。

圆厚富安，俭薄乏食。深宽富贵，浅窄孤贫。

势若垂囊，风雷四方之震。

深能容李，芝兰千里之闻。

注：腹大而圆，脐广而深，非富即贵。若腹垂如囊，脐深容李，更为上乘。反此则不足称矣。

《月波洞中记云》：脐欲深润，不欲浅凸。紫黑者为上，有横纹者主寿。脐生毛者大贵，生近阴者下贱。

---

① 乳附。

② 懆，音草，愁不安也。

论足第十二

足者枝之谓，身者干之云。

枝以蔽其干，足以运诸身。

丰厚方正者多闲暇，薄涩横直者必苦辛。

无纹身贱，有毛家温。

注：足底无纹者极贱，足面有纹者小康。

富累千金，盖有弓刀之理。官封一品，由于鱼鸟之纹。

注：足底有刀弓之纹者钜富，有鱼鸟纹者大贵。《玉管照神局》曰：“贵人之足小而厚，贱人之足薄而大。”

论形神第十三

短小精悍者，形不足而神有余。

长大孱懦者，形有余而神不足。

悍音翰，勇也，凶暴也。孱音潺，懊弱也。

伊形神而俱妙，非贤圣而孰得。

一本得作能。

注：形者发乎外，神者藏于内。其形神俱妙者，非圣贤孰能得之？

藏于内者，如渊珠之粹。

发乎外者，若焰光之烛。

注：神藏于内者如渊珠，神发乎外者如焰烛，贵贱悬殊。

善恶在人之憎爱，清浊由目之照瞩。

注：人之善恶，皆已著于目神，美则人爱，恶则人憎。若分清浊，瞻视则更明显矣。

质以气而宏充，气以神而化育。

质宽则气宏而大，神安则气静而覆。

注：质者形也。人之以气而养形，故以神生气。

如是宠辱不足惊，喜怒不足触。

有气无肉者，譬若寒松。有肉无气者，譬若蠹木。

李峤耳息而享百龄，孟轲内养而轻万斛。

注：李峤字巨山，赵州赞皇人。年十五，通五经，有文辞。事唐高中、武后、中、睿、玄五朝，官至特进、同中书门下，因事贬滁州，改庐州别驾，卒年七十。①

〇孟轲，字子舆，战国邹人，受学于子思之弟子，著《孟子》七篇。其说尊王贱霸，重仁义，轻功利。创性善之说，谓人皆可以为尧舜，又谓

① 〇珊按：并非百龄。

我四十不动心，我善养吾浩然之气。后世称为亚圣，言亚于孔子也。

和柔刚正之为君子，隘狭急暴之为士卒。

如龟之息兮，保其远大。如马之驭兮，重其驰逐。

注：龟息，气自耳出，一呼一吸，谓之一息。龟息之细，渺然不可闻。盖能养其气如龟息者，可保长年之寿。如马驭驾者，其气息必不甚平，则一生有驰逐之劳矣。

论声音第十四

身大音小祸所隐，身小音大福所伏。

夫声音之所发自元宫，而乃臻于心气以相续。

注：元宫，即丹田在脐下三寸。

琅然其若击石，旷然其若呼谷。

斯乃内蕴道德，终应戬谷。

注：戬，音翦，尽也。戬谷，谓尽善也。

谓之罗网者，干湿不齐。

谓之雌雄者，大小相续。

或先急而后缓，或先缓而后速。

是谓粗俗之卑冗，焉遂风云之志欲。

论气色第十五

辨四时之气，如春蚕吐丝之微微。

察五方之色，若浮云覆日之旭旭。

地阁明而饶田宅，天岳暗而罹桎梏。

注：罹音离，遭也。桎音质，足械也。梏音谷，手械也。地阁在下颚、正口、承浆之下，天岳在面部天中左右。明而饶田宅，暗而罹桎梏，皆指气色言。

粟黄缯紫多豪贵，脂白瓜青合贤淑。

注：粟黄者，如粟粒之点，娇黄也。缯紫色，如紫线之乱盘也。其白如脂，其青若瓜，皆指面色言。

若相者精究其术，而妙悟于神，安逃祸福？

注：辨四时之气者，别其气之五色所属也。青红黄白黑，乃四时之正气也在于皮者谓之色，皮里者谓之气。气者如粟如豆如丝如发，藏于纹理之中，隐于毛发之内，细者如春蚕之丝。欲察五方，正如浮云覆日之微，在乎熟详而辨之。

《冰鉴》七篇

民国丙子夏，张叔同先生元祜，以所印之《冰鉴》七篇见赠，疑为湘乡曾文正公遗著。并谓其行文如《尉缭》，立篇如《素书》，要言不烦，与世传希夷秘传诸本，夐乎不同，岂仅小道可观已耶？然珊家藏《冰鉴》两种。一为惜阴堂刊本，南海吴荣光荷屋氏跋云："余家有《冰鉴》七篇，不著撰人姓名，宛似一子，世无刻本，恐其湮没也。观人之法，孔有焉廋之辞，孟有眸子之论，圣贤所重，吾辈其可不知乎？此篇固切于用，非同泛书，并赏其文辞"云尔，末有"道光己丑岁仲春，南海曾大经纶阁氏书"十六字。一为定远方濬师子严所著《蕉轩续录》附刊本。其序云："操姑布子卿之术者，多矣。《四库》所收《月波洞中记》、《太清神鉴》二书，皆称美备。楚南何镜海观察应祺，藏有《冰鉴》七篇，不著撰人姓名，议论微妙，宛似子家。予曾向观察借钞之，因世无刻本，特录于此。镜海极精相法，其《神骨章》二注，《须眉章》、《声音章》各一注，并为列入。荀子《非相篇》'形相虽恶而心术善，无害为君子；形相虽善而心术恶，无害为小人数语'，固千古不磨之论。然视察焉廋，听观不掩，读书者能神而明之，未始非甄识人物之一端也。"珊又藏有海昌范文元孝子騄所著《水镜集》四卷，康熙朝姚江黄宗羲为之序。其书引用《冰鉴》甚多，卷三且有吕祖曰："脱谷为糠，其髓斯存，神之谓也。山骞不崩，石为之镇，骨之谓也。"据此，《冰鉴》一书，殆为吕祖所撰。其非湘乡遗著，无可疑义。然此书简明精当，为诸贤所服膺，其有裨相学可知。兹因拙编告成，敬录全文，公诸同好，并将何观察所注采入。间增音释，不过稍参杂书，以便阅览，非敢续貂也。

树珊谨识。

神骨章第一

语云：脱谷为穅，[①] 其髓斯存，神之谓也。山骞不崩，[②] 惟石为镇，骨之谓也。[③] 一身精神，具乎两目。一身骨相，具乎面部。他家兼论形骸，[④] 文人先观神骨。[⑤] 开门见山，此为第一。

相家论神，有清浊之分。清浊易辨，邪正难辨。欲辨邪正，先观动静。静若含珠，[⑥] 动若水发。[⑦] 静若无人，[⑧] 动若赴敌，[⑨] 此为澄清到底。静若萤光，[⑩] 动若流水，[⑪] 尖巧而喜淫。静若半睡，[⑫] 动若鹿骇，[⑬] 别忖而深思。[⑭] 一为败器，[⑮] 一为隐流，[⑯] 均之托迹于清，[⑰] 不可不辨。

凡精神，抖擞时易见，[⑱] 断续处难见。[⑲] 断者出处断，续者闭

---

① 注：张本穅作糠，今从吴本。〇穅音康，谷皮也。
② 骞音愆，亏也。
③ 此六句上有“吕祖曰”三字，见《水镜集》卷三，第二十五页。
④ 注：胸腹手足，必须兼论。本书容貌章且明言之，何得谓他家。
⑤ 注：论神骨乃相家之古法、非文人所独知也。
⑥ 注：此为真静、毫不矜张。
⑦ 注：发、疾貌、此为真重、毫不凌乱。
⑧ 注：此为真静、毫不留恋。
⑨ 注：此为真动、毫不畏怯。
⑩ 注：此为假静、外明内晦。
⑪ 注：此为假动、放诞不羁。
⑫ 注：此为假静、迷惘无知。
⑬ 注：鹿性善惊、故云鹿骇。此为假动、形色慌张。
⑭ 注：吴张二本，忖作才，兹从范本。忖，思度也。
⑮ 注：假静假动者。
⑯ 注：真静真动者。
⑰ 注：吴张二本“于”作“二”，兹从范本。
⑱ 注：抖音斗。抖擞，举貌，俗言精神抖擞。
⑲ 张本“处”作“时”，兹从吴本。

处续。道家所谓“收拾入门”之说，不了处看其脱略，[①] 做了处看其针线。[②] 小心者，从其做不了处看之。疏节阔目，若不经意，所谓脱略也。[③] 大胆者，从其做了处看之。慎重周密，无有苟且，所谓针线也。[④] 二者实看向内处，[⑤] 稍移外，便落情态矣。情态易见。[⑥]

骨有九起：天庭骨隆起，枕骨强起，顶骨平起，佐串骨角起，太阳骨线起，眉骨伏犀起，鼻骨芽起，颧骨丰起，项骨平伏起。[⑦] 在头以天庭骨、枕骨、太阳骨、为主，在面以眉骨、颧骨、为主。五者备，柱石器也。[⑧] 一则不穷，二则不贱，三动履小胜，四贵异。[⑨] 骨有色，而以青为主，少年公卿半青面是也。[⑩] 紫次之，白斯下。[⑪] 异骨有质，头以联者为贵，碎次之。总之，头无恶骨，面佳不如头佳。然大而缺天庭，终是贱品。圆而无串骨，半为孤僧。鼻骨犯眉堂上，不寿。颧骨与眼争，子嗣不立。此中贵贱，有毫厘千里之别。

---

① 注：视其始。

② 注：察其终。

③ 注：此仍是神清。

④ 注：此仍是神清。

⑤ 注：看其行止动作，似外实内，而清浊可知矣。

⑥ 注：张本移字上无“稍”字，兹从吴本。

⑦ 注：骨之名称有九，而起之形势亦有九，须善为揣摩之。

⑧ 注：此五骨最重要，亦最显著。

⑨ 方本“异”作“也”。何镜海注曰：相有骨格，有骨气。骨格者已成者也，骨气者未成者也。惟恃目力，此非碌碌者所知也。

⑩ 注：何镜海注曰：青面者，深思而无情，心忍而志坚。

⑪ 注：骨藏于内，色形于外。此论面色，非论骨色也。

刚柔章第二

既识神骨，当辨刚柔。刚柔即五行生克之数，名曰先天种子。不足用补，有余用泄，消息直与命通，此其皎然易见。[①]

五行有合法，[②] 木合水，水合木，此顺而合。顺者多富，即贵亦在浮沉之间。金与火仇，有时合火，[③] 推之水土皆然，[④] 此逆而合。逆者，其贵非常。然所谓逆合者，金形带火则然；[⑤] 火形带金则三十死矣。[⑥] 水形带土则然，[⑦] 土形带水则孤寒老矣。[⑧] 木形带金则然，[⑨] 金形带木则刀剑随身矣。[⑩] 此外牵合，俱是杂格，

① 注：不足用补、有余用泄二语、不独论命论相、当明此理、推而至于治国齐家、立身处世、莫不皆然。

② 注：约言之，木瘦金方水主肥，土形敦厚背如龟。上尖下阔名为火，五样人形仔细推。分言之，木形色青不滞，体瘦修长，俱要眉目清秀，精神饱满，腰背挺直，手指尖，声音亮，骨多不为有余，瘦直不为不足，此为木形人格。若头大体小，上轻下浮，腰背欹斜者，则不足取矣。火形色赤不枯，上尖瘦，下肥壮，须发稀，手清秀，脚敦实，动静不常，反露焦躁，声音轰烈，此为火形合格。若面方头短，发重颈粗肚小者，则不足取矣。土形色黄不杂，身矮体壮，头平额宽，胸阔背厚，腹圆声沉，手掌软，脚股肥，此为土形人格。若眉蹇眼凸，节喉挺胸，肚小脚细身轻者，则不足取矣。金形色白不惨，头方正，体清洁，肉不盈，骨不薄，眉目清媚而有威，须发稀疏而有秀，脐深腹囊，手细指纤，声音响亮，此为金形人格。若颈短喉节，筋浮骨露者，则不足取矣。水星色黑不晦，体肥形端，眉清目蔚，口阔颐圆，乳大脐深，腹下垂，手软厚，声圆润，气静量宽，肉重骨轻，此为水形人格。若口小齿露，神散骨粗，声音枯焦，臂部狭小者，则不足取矣。

③ 注：金形太盛，略带火形。

④ 注：水形太盛，略带土形。土形太盛，略带木形。

⑤ 注：金盛得火，大器铸成。

⑥ 注：火不胜金，而金多反侮火也。

⑦ 注：水盛得土，堤岸功成。

⑧ 注：土不胜水，而水多反泾土也。

⑨ 注：木盛得金，栋梁堪膺。

⑩ 注：金不胜木，而木强折金也。以上数则，乃“不足用补，有余用泄”之义。反其道而用之，则危殆矣。

不入文人正论。[①]

五行为外刚柔，内刚柔，则喜怒、伏跳、深浅者是。喜高怒重，过目辄忘，近粗。伏赤不伉，跳亦不扬，近蠢。[②] 初念甚浅，转念甚深，近奸。内奸者，功名可期。[③] 粗蠢各半者，胜人以寿。[④] 纯奸能豁达者，其人终成。[⑤] 纯粗无周密者，半途必弃。[⑥] 观人所忽，十得八九矣。

① 注：未必尽然。

② 注：伏音服，匿藏也。伉音冈，正直貌。跳音迢，跃也。扬音阳，高举也。匿藏而不知正直，跳跃而不能高举，非蠢而何？

③ 注：由浅入深，尚有思想。

④ 注：粗蠢近厚，或竟得寿。

⑤ 注：奸不足取，惟能豁达，是以终成。

⑥ 粗不足惧，惟无周密，是以必弃。

容貌章第三

容以七尺为期，貌合两仪而论。胸腹手足，实按五方。耳目口鼻，全通四气。[①] 相愿相称，则福生。如背如凑，则林林总总，不足论也。[②]

容贵整，整非整齐之谓。短不豕蹲，[③] 长不茅立，[④] 肥不熊餐，[⑤] 瘦不鹊寒，[⑥] 所谓整也。背宜圆，腹宜突坦，手宜温软，曲若弯弓，足宜丰满，下宜藏蛋，[⑦] 所谓整也。五短多贵，[⑧] 两大不扬。[⑨] 负重高官，[⑩] 鼠行好利。[⑪] 此为定格。他如手长于身，身过于体，配以佳骨，定主封侯。罗纹满身，胸有秀骨，配以妙神，[⑫]

---

① 注：四时之气也。

② 注：愿称与背凑，适得其反。愿称福生，背凑祸至。林林总总，皆是庸材，虽多奚贵？

③ 注：蹲音存，踞也。如豕之蹲，短而无神也。

④ 注：茅，草也，经风则偃，长而弱也。

⑤ 注：熊兽似豕，山居冬蛰，体大而蠢，口端甚长，齿之咀嚼力，胜于猫犬。形如熊餐，肥而餮也。餮音铁，贪食也。

⑥ 注：寒鹊，羽束体瘦，瘦而寒也。

⑦ 注：足掌中凹，能容物也。

⑧ 注：一头短，二面短，三身短，四手短，五足短。五者俱短而骨肉细滑、印堂明阔、五岳朝揖者，公卿相也。虽具五短而骨肉粗恶、五岳倾陷，仍主下贱。或上长下短则多富贵，上短下长则多贫贱，此中有区别焉。

⑨ 注：两大，疑为六大。头虽大，额无角；目虽大，闪电烁；鼻虽大，梁柱弱；口虽大，语略绰；耳虽大，无轮郭；腹虽大，近上着，此皆贫贱之相。盖头大角要耸，目大光要不流，耳太轮郭要正，鼻大梁柱要高，口大声音要清，腹大势要下垂，如此乃可富贵。

⑩ 注：身重脚轻、行不动摇。

⑪ 注：鼠行疑虑，走窜不宁。

⑫ 注：罗纹、秀骨、妙神，三者不可缺一。

不拜相，即鼎甲。相貌家有清奇古怪之别，[1] 总之不必，[2] 须看科名星、阴骘纹为主。[3] 科名星，十三岁至三十九岁，随时而见；阴骘纹，十九岁至四十六岁，随时而见。二见全，大贵也，得一亦贵。科名星，见于印堂眉彩，时隐时现。或为刚针，或为小丸，常有光气，酒后及发怒时易见。阴骘纹见于眼角，[4] 阴雨便见，如三叉样，假寐时最易见。得科名星早登，得阴骘纹迟发。二者全无，前程莫问。阴骘纹见于喉间，又主子贵。杂路不在此格。[5]

目者面之渊，不深则不清。鼻者面之山，不高则不灵。口阔而方禄千钟，齿多而圆不家食。[6] 眼角入鬓，必掌刑名。项见如面，[7] 终身钱谷。此贵征也。舌脱无官，[8] 橘面不显。[9] 文人不伤左眼，[10] 鹰准动便食人，此贱征也。[11]

---

① 吴张方三本"清古奇秀"，兹从范本。注：清如寒水，奇如美玉，古如苍岩之老松，怪如泰山之磐石，杂之千万人中，见而异之者，乃清奇古怪之贵相。凡有此格，必主操修过人，功业隆重，声闻天下。

② 注：言不必拘此四格。

③ 注：张本无须字，兹从吴本。

④ 注：海昌范文元云：左右眉角上、为福堂，此乃阴骘纹出入之处。红黄紫色光耀者，必获天禄。虚虚子曰：如见眼下有黄气及细纹隐隐然者，此必有阴德济人之事。又云：黄色盘龙宫，即眼框也。其细如丝，气色朗澈，乃阴骘纹也。

⑤ 注：阴骘纹现于他处者，不专应科名矣。

⑥ 注：不家食，为禄而仕也。

⑦ 注：吴本"见"作"于"，兹从张本。然文义不显，仍疑衍文。

⑧ 注：短秃之舌，智虑不充，官于何有？

⑨ 注：面色黄晦而毛窍又为尘垢所蒙，主妻克子稀，显于何有？

⑩ 恐有衍文。点校者注：又有他本"不"字作"有"字，意可通。

⑪ 注：准头弯如鹰嘴者，其心必毒，常思食人。

情态章第四

容貌者，骨之余，常佐骨之不足。情态者，神之余，常佐神之不足。久注观人精神，乍见观人情态。大家举止，羞涩亦佳。小儿行藏，跳叫愈失。大旨亦辨清浊，细处兼论取舍。[①] 人有弱态，有狂态，有疏懒态，有周旋态。飞鸟依人，情致婉转，此弱态也。不衫不履，旁若无人，此狂态也。坐立自如，[②] 问答随意，此疏懒态也。饰其中机，不苟言笑，察言观色，趋吉避凶，此周旋态也。皆根其情，不由矫枉。弱而不媚，狂而不哗，疏懒而真诚，周旋而健举，皆能成器，反此败类也。大概亦得二三矣。[③]

前者恒态，又有时态。方与对谈，神忽他往；众方称言，此独冷笑，深险难近，不足与论情。言不必当，极口赞是；[④] 未交此人，故意诋毁，卑庸可耻，不足与论事。漫无可否，临事迟回；不甚关情，亦为堕泪，妇人之仁，不足与谈心。三者不必定人终身，反此以求，可以交天下士。[⑤]

---

① 张本处作亦，兹从吴本。注：羞涩者清，跳叫者浊，此言其常。然有羞涩而浊者，亦有跳叫而清者，不可不察。

② 注：吴本张本“立”作“止”，兹从范本。

③ 注：媚为弱之病，哗为狂之病，真诚为疏懒之药，健举为周旋之药。能明乎此，孰为成器，孰为败类，望而十得二三，非侈论也。

④ 注：张本“赞”作“称”，兹从吴本。

⑤ 注：上言恒态四种，大都天赋。此言时态三种，直是人为。其一阴险，其二诈伪，其三懦暗。交友共事者，不可不知此。

须眉章第五

须眉男子，未有须眉不具，可称男子者。少年两道眉，临老一林须，此言眉主蚤成，须主晚运也。[①] 然而紫面无须自贵，暴腮缺须亦荣。[②] 郭令公半部不全，[③] 霍骠姚一副寡脸，[④] 此等间逢。毕竟有须眉者，十之九也。

眉尚彩。彩者，秒处反光也。[⑤] 贵人有三层彩，有一二层彩。所谓文明气象，宜舒爽，不宜凝滞。一望有乘风翔舞之势，上也，如泼墨者最下。倒竖者上也，[⑥] 下垂者最下。[⑦] 长有起伏，短有神气。浓忌浮光，淡忌枯索。如剑者掌兵权，如帚者赴法场。个中亦有微茫，不可不辨。他如压眼不利，散乱多忧。细而带媚，粗而无文，最是下乘。

须有多寡，取其与眉相称。[⑧] 多者宜清、宜疏、宜缩、宜参差不齐，少者宜健、宜光、宜圆、宜有情照顾。卷如螺纹，聪明豁如。[⑨] 长如解索，风流荣显。劲如张戟，[⑩] 位高权重。亮若银

---

① 注：上唇生者为髭，下唇生者为须，颏颔生者为髯，近耳生者为胡。但言须者，统称也。

② 注：无须自贵，乃是紫面。缺须亦荣，乃是暴腮。非无须缺须，皆自贵亦荣也。

③ 注：（唐）郭子仪官至太尉中书令，回纥称为郭令公。建中二年辛酉卒，时年八十五。

④ 范吴张本“票”作“嫖”，兹从《汉书》。注：（汉）霍去病，初为票姚尉，累官至票骑将军。尝云：“匈奴不灭、无以家为。”元狩六年甲子卒。

⑤ 秒音眇，禾芒也，末也，即眼梢也。

⑥ 注：倒竖，有大吉大凶，须细辨之。

⑦ 刘镜海注曰：下垂一语不确，尽有下垂而大贵者。大抵必兼斜视，所谓杀星当令也。

⑧ 注：《洛神赋》云“修短合度”，此云相称，即合度之谓。

⑨ 注：张本“明”作“如”，兹从范吴二本。

⑩ 戟音棘，有枝兵器也。

条，蚤登廊庙。皆宦途大器。紫须剑眉，声音洪壮。蓬然虬乱，[1]尝见耳后，配以神骨清奇，不千里封侯，亦十年拜相。他如辅须先长终不利，[2]人中不见一世穷，鼻毛接须多晦滞，短髭遮口饿终身。[3]此其显见耳。

① 虬同虯，音求，盘屈相纠貌。
② 辅须，谓颏颔之髯及左右近耳之胡也。
③ 注：张本饿作饥、兹从吴本。

声音章第六

人之声音，犹天地之气。轻清上浮，重浊下坠。始于丹田，[1]发于喉，转于舌，辨于齿，出于唇，实与五音相配。取其自成一家，不必一一合调。闻声相思，其人斯在，宁必一见决英雄哉！

声与音不同。声主张，寻发处见；音主敛，寻歇处见。辨声之法，必辨喜怒哀乐。喜如新竹当风，[2] 怒如阴雷起地；[3] 哀如石击薄冰，[4] 乐如雪舞风前。[5] 大概以轻清为上，声雄者如钟则贵。[6]如锣则贱，[7] 声雌者如雉鸣则贵。[8] 如蛙鸣则贱。[9] 远听声雄，近听悠扬。起若乘风，止若拍瑟。[10] 大言不张唇，细言若无齿，上也。出而不返，荒郊牛鸣；急而不达，深夜鼠嚼。[11] 或字句相连，喋喋利口；[12] 或齿喉隔断，喈喈混谈，[13] 市井之夫，何足比数？

音者声之余也，与声相去不远。此则从细处，曲中见直。贫

---

① 注：道家称人身脐下三寸曰丹田。抱朴子云：丹田有三在脐下者为下丹田，在心下者为中丹田，在两眉间者为上丹田。

② 注：此谓之和。

③ 注：此谓之突。

④ 注：此谓之脆。

⑤ 注：此谓之飏。

⑥ 注：张本贵作富，兹从吴本。

⑦ 注：张本锣下多一者字。何镜海注曰：亦有如锣而大贵者，气必出于丹田，然一生劳苦不免也。

⑧ 雉音豸、纸韵、鸟名、即野鸡也。

⑨ 蛙音哇，佳韵，俗称田鸡。雄者能鸣，雌则否。

⑩ 瑟音色，乐器，古为五十弦，后改二十五弦。弦各有柱，可上下移动，以为声之清浊高下也。

⑪ 注：此皆有声无音。

⑫ 注：喋音牒。利口，多言也。

⑬ 喈音皆、鸟鸣声也。

贱者有声无音，尖巧者有音无声，所谓“禽无声、兽无音”者是也。凡人说话是声，其散在左右前后是音。开谈若含情，话终多余响。[①] 不惟雅人，兼称国士。阔口无溢出，[②] 大舌无窕音。[③] 不惟实厚，兼获名高。

① 注：余响，即音也。

② 张本作口阔，兹从吴本。注：溢音逸，器满也，过也。庄子云：“两喜必多溢美之言，两怒必多溢恶之言。”阔口者多守信，故言不溢出也。

③ 吴本张本，“大”误作“尖”。注：窕，调上声，与佻同，轻佻也。语云：“舌大而方，位至公王。”又云：“舌尖能辨，舌秃寡言。舌大而为公王，舌秃而主寡言。”此二者皆不致有轻佻之音。果是尖舌，则大异于是矣。

气色章第七

面部如命，气色如运。[①] 大命固宜整齐，小运亦当亨泰。[②] 光焰不发，[③] 珠玉与瓦砾同观。[④] 藻绘未扬，[⑤] 明光与布葛齐价。[⑥] 大者主一生祸福，小者主三月吉凶。[⑦] 人以气为主，于内为精神，于外为气色。有终身之气色，少淡长明、壮艳老素是也。[⑧] 有一年之气色，春青夏赤、秋黄冬白是也。有一月之气色，朔后森发、望后隐跃是也。有一日之气色，早青、昼满、晚停、暮静是也。[⑨] 科名中人，以黄色为主，此正色也。黄云盖头，必掇大魁；黄翅入鬓，进身不远。印堂黄明，[⑩] 富贵逼人；明堂素净，[⑪] 明年及第。他如眼角霞鲜，决利小考；印堂垂紫，动获小利；红晕中分，定产佳儿；两颧红润，骨肉发迹。由此推之，足见一斑矣。[⑫]

---

① 注：此二语，可谓善譬，真确论也。

② 注：面部之五官合格，此大命整齐也。然亦必须气色顺时，始可谓为小运亨泰。

③ 注：谓气色暗晦也。

④ 注：谓五官虽如珠玉之美，其贱亦同瓦砾也。

⑤ 注：此亦指气色暗晦言。

⑥ 注：明光，铠之名也，见曹植《上赐铠表》："先帝赐臣铠，黑光、明光各一领。"〇谓五官之贵，虽如明光，其贱亦同布葛之袍也。

⑦ 注：大命祸福，远应一生；小运吉凶，近主三月。

⑧ 注：年少气色不淡而反素，年长气色不明而反淡，年壮气色不艳而反明，年老气色不素而反艳，皆非福兆。

⑨ 注：春白、夏黑、秋赤、冬黄，此一年之气色反常也。十五日以前隐跃，十五日以后森发，此一月之气色反常也。早静、昼停、晚清、暮满，此一日之气色反常也。反常者凶，顺时者吉。先后缓急，须细辨之。

⑩ 注：印堂在两眉中央。

⑪ 注：张本"素"作"紫"，兹从吴本。《水镜》云："印堂者，一面之明堂也。"

⑫ 注：张本无矣字，兹从吴本。〇气色以黄为主，尤当注意顶与鬓及印堂、眼角、两颧、等部位。

色忌白忌青。青常见于眼底，白常发于眉端。然亦有不同。心事忧劳，青如凝墨。祸生不测，青如浮烟。酒色惫倦，白如卧羊。[①]灾晦催人，白如傅粉。又或青而带紫，金形遇之而飞扬；白而有光，土庚相当亦富贵，又不在此论也。[②]最不佳者，太白夹日月，乌鸟集天庭；桃花散面颊，赪尾守地阁。有一于此，前程退落，祸患再三矣。[③]

① 注：张本“羊”作“蚕”，兹从范本、吴本。

② 注：土庚，即土形，与上文金形义同。此即“不足用补，有余用泄”也。

③ 注：太白白色、乌鸟黑色、桃花红色、赪尾赤色，皆譬喻也。日月角在左右眉角之上，天庭在前额面部正中、司空之上，面颊在颧骨左右，地角在承浆之下，以上四部，见白黑紫赤四色者，皆须一一考察，判其休咎，勿孟浪也。

西洋新相术

美国勃腊克福特博士，乃科学家也。以人类品性，万有不齐，凭十三年之考察，足迹所至，都十六国，始发明新式之相人术。为因材器使之标准，至今美国各大公司中，颇有用其法以雇聘人员者。其法维何？即“组织”、“身材”、“颜色”、“形状”、“结构”、“密度”、“配合”、“表象”及“经验”或“效用”而已。证以吾国先贤相人之术，论身材之长短大小，肌肉之肥瘦软硬，与彼之组织、身材、形状、结构、四种，似无以异也。吾国先贤相人之术，论眉之浓淡，目之浅深，鼻之曲直，耳之厚薄，口之正斜，与夫气色之晦明，声音之清浊，精神之充否，与彼之颜色、密度、配合、表象、经验、效用、似无以异也。至曼谛迦萨氏，谓思想与感情，俱循活动之形式，表现于面庞及身体之他部，留遗迹象，此与吾国先贤论纹痣善恶，及阴骘纹之意义，亦不谋而合。具见人有中外，理无二致。吾国自羲皇画卦，象天地，别男女，法乾坤，正君臣父子夫妇之义。而其兴也，又作网罟，教畋渔，造书契，治屋庐，整田里，导泉流，为地球各国文化之祖。今人大都淡然若忘，每好厌故喜新，舍本逐末，不独伦常大道，置而不讲，即寻常知人识人之学术，亦惟西学之是务，可慨也夫。兹录斯篇，以饷同好。读者当别具双眼，鉴其精粗，毋以具有科学化三字，而震惊之也。

树珊谨识。

勃腊克福特博士 Dr. Kaherine M. H. Bakfrd 者，**美国科学家也。以人类品性，万有不齐，每不能与其职业相适应，因发明一术，以为因材器使之标准，其对于一般男女为个别之观察，殆十三年于其作工、娱乐、精神病、体魄病、变态宗教、社会关系、商业关系及所犯罪恶，莫不详细研究。美国及坎拿大，各部各业之人物，造访殆遍，更周历寰宇，以资深造。其足迹所至，都十六国藏书室中，有一万五千人详晰之行述；而曾经**

彼之考察，加以简要分类之纪录者，且在五万人以上。其用力之勤，与经验之富如是，故其所下之定义，亦较然可信。美国各大公司中，颇有用其法以雇聘人员者。

勃氏所发明之术，可谓为新式之相人术。质言之，则判断人类品性之科学的方法是也。人类之性癖、教育、经验，以此种方法考察之，不爽累黍。人类犹物品也，而此种方法，则能断定其先天及后天之性质，而施其选择。司衡鉴人材之任者，均可学习此法。以洞明其识见，但使与应选之人为消极之协力，自能随时解剖，物无遁形。而公司之组织，欲使所雇之职工与办事人，各个实现其最大之可能性，尤当以此种方法为凭藉。

勃氏之相人术，全以外形为根据。人类之外形，于断定其能力时，效用至广，吾人盖无不承认之。征诸通常之言语，犹可概见。如所谓“厚皮的”、“薄皮的”者，适与其人体魄上及心理上之感觉程度相应。凡荏弱善感之人，其皮肤必细而薄。心气粗暴之人，其皮肤必粗而厚。盖据胚胎学Embyology所发明，皮肤实为各种感觉发生之处；脊髓与神经，亦不过变形及特别构造之皮肤也。而人之皮肤，既为其脑部组织之表记，故人之身材、颜色、配合、形状、组织、密度、结构，亦必为其机能与效用之表记，而可作为人性学上，普通适用之公例。此勃氏所主张者。

据勃氏研究之结果，谓人类之性质，可以九种体魄上之成分与其变化及组合定之。既其他有生物，或无生物之性质，亦可以九种成分与其变化及组合定之。此九种成分惟何？即“组织”、“身材”、“颜色”、“形状”、“结构”、“密度”、“配合”、“表象”及“经验”或“效用”是已。

任举一人，于此九种成分，均有明显之表示。其“组织”或细或粗，或介乎中间。其“身材”或大或小，或适符常度。其“形状”之普通倾向，或微凹或微凸，或凹凸达乎极度。或“面庞”及“躯体”，杂凹凸而“配合”之。又如体态则有纤弱、强壮、多骨、多肉、方圆肥瘦等之不同，“密度”则有极坚韧、极柔脆，与介乎中间各度之不同。躯体各部及“头部”与“面庞”之配合，亦复各个不同。而“表象”与“经验”，尤几乎尽人而异。

勃氏谓上述九种成分之每一分，均可借以定各个人先天或后天之性质。试举“组织”之一例以明之。凡头发细软，皮肤滑泽，面容韶秀，身

体及四肢纤弱，美观者，必为温文尔雅之人。其所嗜者，在属于智识方面之事业而兴，以精细之工作，亦能胜任愉快。反之而头发巨硬，皮肤粗砺，面容健硕者，则可任以需膂力勇气，及耐劳受苦之事业。此殆普通之公例也。

虽然，所谓普通之公例者，不过一种形容词而已。其最终之结果，则除“组织”以外之其他成分，均得变更之。且上文所述者，不过谓组织之成分，可以为观察各个人之表征；而其他同等之表征，初未列举。此则学者所当注意者。

试更就“身材”论之，**则身小而量轻者，宜为轻快便捷之事**；身大而量重者，宜肩负重举物之任。此体魄上之工作，显而易见者也。又试就“颜色”论之，**则白面金发青眼者，其性质必易变，其嗜好必复杂，其思想必毗于乐观，而富于理论**；面带棕色而眼及毛发薄黑者，其性质必坚定，其持己必严肃，其为人必诚实可靠，其思想必毗于保守。**使各业主人，能对于佣雇之人员，详加审察，皆可了然于其故也。**

人之形状，以其“面貌”及“全身”之式样表现之。锐眼疾走之“猎犬”，其伶俐轻快，呼应灵捷，胜于“猛犬”，而耐劳之力则不及之，此不待科学家均能谛晓者。而人之形状，与锐眼疾走之“猎犬”相似者，必伶俐轻快，呼应灵捷；其与“猛犬”相似者，**则善于耐劳，而作事之敏与呼应之灵，时有所不逮焉，亦可由是而定。**

试聚诗人、文豪、教育家之肖像而略加注视，将见彼等“头部”及“身躯”之“结构”体态，大都似“三角形”。**即头部身躯之上部，阔而下部较狭是也。**又试聚名将、勇士、建筑家、工程师、探险家、运动家、飞行家及其他以活动为生活者之肖像，而加以审察，将见彼等之“结构”，循“正方形”之线，即“方形”之面、“方形”之身躯，与“方形”之手是也。又试聚法律家、财政家、营业家与商界巨子之肖像而加以审察，将见彼等之结构，循“圆形”之线。即“圆形”之面庞，“圆形”之身躯，“圆形”之手足是也。

物体之为“硬性”之结合者，从比较上言之，其抵抗力必大，而永续性必强。其为“弹性”之结合者，其内蕴力必厚，而活动性必富。其为“软性”之结合者，其抵抗力必小，而感觉性必敏。所谓“结合”，即体积之“密度”也。物固如是，人亦有然。

“头部”、“面庞”及“身躯各官体”之相关的发达或比例，即上文所谓“配合”也。而自医学家、解剖学家及研究人性者之眼光观之，则实为各个人精神活力与耐劳性相差之度之表记，且为其他多种特性之表记。

人之感情思想及意趣，多自“面色”、“声音”、“姿势”、“行走”及“服装”等处表现之，而以人类之身体，为受型性。故不论何种感情、思想及意趣，皆能于各种表象，留永久之痕迹。

曼谛迦萨 Mantegazza 有言，“凡思想与感情，俱循活动之形式以表现。瞬间之感情，其表现时，倏忽而不可觉，自亦无何等之痕迹。然使复现至数次以后，则于面庞及身体之他部，必留遗其表象，而将其人一生行事，暴露无遗。”“经验”之留遗其表象，亦复如是。

上文所述，皆言九种成分之每一种，可以为人类品性之表记，而为勃氏及应用其法者，所主张者也。虽语焉不详，而新相术之大概，则已可见。然其最关重要者，**则尤为此九种成分。在一个人之联合，每一个人均具有此九种成分。使于其成分之各种忽而不察，则其人之人格，决无由洞悉也。**

西洋手相学

戊辰夏月，因事有感，特作《述卜筮星相学》八卷，邮呈行政院谭院长组盦、内政部赵部长次陇，乞其正谬。辱承不弃，书耑奖藉，甚可感也。《述学》卷四曾采用风萍生《手相学》。余按之曰："手相学，乃东西各国专门之学。不图其所用名称，即吾国老生常谈之木、火、土、金、水及太阳、太阴也。吾国幼童，尝读《幼学须知》，无不知'日月五星，谓之七政；天地与人，谓之三才'。今之学者，并此废而不读，吾恐从来习惯之七政三才，亦将莫名其妙。"邱菽园先生，序《手相学》有云："讵意吾之所弃，或为邻之所珍，此诚慨乎其言也。"今春，《相人探原》稿牱成，友人谓可将此《手相学》，择要载入，藉供众览。余颔之。其书论手云："手形软者，富于思想。手形硬者，意志坚固。手指关节光滑之人，作事决断。手指关节特殊之人，作事攻苦。长指方形之手，操持谨慎，思想发达。凡论理、理性之事，均适之。短指方形之手，赋性顽固，度量浅隘，主崇拜物质，不知其他。"吾国相学论手云："手细软者大贵，手粗硬者极贱。指嫩如剥葱者食禄，指粗如竹节者受饥。指藏而纤者聪俊，指短而突者蠢愚。"双方对照，莫不吻合。其论拇指云："拇指发达长大而美者，其性质必优良，其才智必超越。拇指短而丑者，其性质必鄙野，其作事必粗暴。吾国相学谓，大指宜肥美，其节有纹重叠如画眉之状者，主富于文学；歪斜瘦秃者，主经营费力，一生劳苦。"其论掌色云："青白者，主我观念太深，一切任性不祥。见黄色者，主沉郁。见红色者，主健康。"吾国相学谓："掌清白色者，主贫寒。掌黄如拂土者，主愚贱。掌红如噀血者，主荣贵。"玩其语气，不约而同。其书又云："手有重要之纹线，大者七条：曰生命线，曰智能线，曰感情线，曰金星带，曰健康线，曰太阳线，曰运命线；小者五条：火星线，副健康线，婚姻线，手颈线，本能线。"名词新颖，似不寻常，其实只须吾国相学之三才纹、八卦位，即可统制一切。其书又云："主要线旁之姊妹线，亦主吉凶。"然以吾国相学"纵理多者，性乱而贫；横理多者，性愚而贱"二语，亦可括之。然则载此东鞶之说，究何为哉！曰："为供众览，俾可温故而知新也。"

时在丁丑蒲节，树珊谨识。

手相学之沿革

风萍生曰：手相学发源于印度。阿利安文明之初期，已成专门之学，以之研究手纹，判定人生祸福，而不背于科学原理，非世之妄谈休咎者，所可同日语也。征之史籍，阿利安文明，实为欧西文化之源，衍而为希腊文明、罗马文明，故当时之古碑遗刻、断简残篇、吉光片羽，存在人间者，好古之士，每珍之如拱璧焉。

其古文书中，有手相学遗籍，今尚存诸印度婆罗门教徒之手，珍诸寺院石箧之中，为印度国宝之一。其书有图解数百幅，均皆释手纹、手印，而加以证据说明者也。

阿利安文明散布世界以来，手相学亦随之而扩充于欧西、中国、西藏、波斯、埃及，迄于今已成一种专门科学。纪元前四百二十三年，大哲阿拿古萨哥喇斯氏，为手相学教授已来，大哲西施巴拿斯氏，发见金字手相学书于神使祭坛，进呈历山大帝，蒙其褒嘉，世人于以珍重焉。此外亚里士多得氏、布利尼氏、卡尔大密斯氏、阿卡斯大施大帝，一时之硕学名流，帝王君相，均加以拥护宣传，故能风行一世，研究愈精焉。

希腊哲学之权威，为万古不磨之大典，与中国孔孟、老庄之学正同。故手相学之为专门科学，亦无怀疑之余地。世之欲占祸福消长者，幸勿河汉视之。

今举近世各国学者所著之手相书如下：

英文书

Anonymons—The Hand: Phrenologically considered, being a glimpse at the relation o the mind with the organization of the body. (London, 1848)

Beamish—The Psyconomy of the Hand, or the Hand anindex of the mental development. (London, 1865)

Warren—The Life Size, Outline of the Hands of Twenty two Celebrated Persons. (London, 1882)

Chneiro—Cheiro Language of the Hand. (New York, 1900)

Heron Allen—Practical Cheirosophy. (New York, 1887)

德文书

Landsberg—Die Handteller. (Posen, 1861)

Jessmann—Katechismus der Handlesekunst. (Berlin, 1889)

法文书

Advef Desbarolles—les Myst'eres de la Main. (1865)

中日文书

《摩井相法》一册　《沈白相法》一册　《南北相法》十册

《神相全书》三册　《即座考》二册　《人生秘传》一册

《终身录》一册　《早引秘传》一册

手相学与科学之关系

风萍生曰："各时代学者，均以手为人生最要部分。"希腊大哲阿拿古哥喇斯之言曰："人类之优于他动物者，在其手。"亚里士多得曰："手为机能中之机能。为人生全体中活动之代表者也。"

近代如阿温氏、韩复礼氏、贝尔氏，均发表伟论名言，为手相泰斗。贝尔氏曰："手之感觉性、运动性、足匹敌人之心意。"阿温曰："吾人之手、其骨中最精巧之组织乎？各指均具特种机能及性质也。"

复次，就皮肤神经触觉而言，以贝尔氏研究为最精。其关于皮肤者曰："外皮云者，触觉机能之一部，而传外部影响于神经者也，各指尖最敏。爪则援助指尖而保护弹力性之肉块，此肉块系外部机关中最要部。其富弹力者，最适于触觉作用者也。试以舌附脉搏，以指按脉搏，则感之。更仔细观察其构造时，其感觉作用，最发达部分之外皮，具有精巧螺旋纹。其隆起旁为沟，沟之中有柔软果肉形皮肤，名曰小乳头突起，通感觉神经之末梢，神经一方受其保护。一方由弹力性外皮而传达外部印象，斯曰触觉作用。"手较身体部分神经为多，而尤以掌部为尤多，医学之所证也。自脑部传达而来之神经，因使用频繁之故，发达愈增完密。故受动、自动两方，均可称手为脑之下役。医书所载曰："表面上虽仅一条神经，实则一神经鞘中，具神经二支。一则供送脑之命令于体中各部，一则司传送体中各部作用，以达于脑者也。"法国太医，多吉尔吉之言曰："神经之传达全体，状如电报组织，而脑与手之关系尤烈。"综观诸科学家之说，心意影响，须自手纹、手爪及其他部分而传布之。此种理论，皆根据科学，而非迷信。斯则手相之学，亦属颠扑不破之真理，毫无疑义者矣。

手相学大家贝尔氏，为论以证明之。其言曰："动物学者，研究骨格时，以骨表部所见之隆起线及不规则处，系基因于受神经压迫之故。故考古学者，地质学者，掘取地中埋藏骨之断片，加以模造部分而连续之，以组成古代动物之全骨格。且因而揣摩附会，加以说明，并可推知其种属、习惯、病征。推阐尽致，历历如数家珍，而究其实在证据，不过一残败之骨片而已。据此以论，手相学者，取人身重要部分之手，而加以慎重之研究，据以知人身健康，判其过去、未来、现在三界之境遇，岂非当然之事乎？”

手　形

原始手　此手属手型中最劣者，掌大而厚，指短而丑。掌中无纹，主无才智，无抱负，仅知饮食男女而已。其拇指若厚而短，尖端形方者，又主凶暴易怒，甚则能杀人。

方形手　手颈举手掌之境界，手掌与五指之境界，均甚广阔。指成方形，或爪短，亦为方形，主守规则，惜光阴，重视法律，不好私斗，处事决断，忍耐力强，不迷信宗教，崇实质而去虚文，交友忠实。惟自信过深，己所不解者，则斥为虚妄。其意志坚定，农商最宜，企业上亦必成功。

（一）短指方形手　此型之手甚多，极易见之。主崇拜物质金钱，人每以守财奴称之。处理事务，崇实热心。惟赋性顽固，度量浅隘。耳所未闻，目所未见，均不相信。

（二）长指方形手　此种手型之人，较短指方形手者，其心思更为发达。较纯粹方形手者，尤为重论理方式，小心谨慎。遇事当前，必能以正确之见解判断之。凡论理理性之职业，均适之。

（三）粗指方形手　指长，关节粗大，喜研究纤细之事。凡土木工程、数学、统计学、均适之。

（四）篦状指方形手　手指广阔，略带弯曲，其形如篦，主嗜好机械工作。凡世界精巧机械家均属之。

（五）圆锥指方形手　手指如圆锥状，主赋性灵感，既具才能，又富继续性。凡音乐家作曲家属之。

（六）精神指方形手　纯粹精神指之方形手，世不多见。其近似者，指长而尖，爪形甚长，主出身之境遇甚佳，不幸中途挫折。若指掌之形不称，主事物难望成功。

（七）复杂指之方形手　此型男女均有之，而以男子为多。五指各异其型者有之，二三指各异者有之。拇指关节柔而易曲，食指尖削，中指方形，无名指为篦状，小指尖削，主思想广泛，时行流动，或思考精神之事，或思考科学论理之事。不拘何事何物，物均能发表议论，但无一贯精神，故成功之机卒鲜也。

篦状手　手颈之幅广阔，近五指处，忽渐收而成狭隘；或五指底部广阔，手掌近手颈之处，忽渐收而成狭隘；或各指底部广阔，又略形弯曲，均成篦状，其特性必好活动，而爱独立。凡大航海家、大冒险家、大发见家、大机械师多属之。若手掌广阔，表明为精神之性质，如专攻哲学、神学，必能发挥卓见，独创新论，以震惊一世云。

哲学手　形长骨挺，指大爪长，关节亦巨，主特性超越，异乎流俗；不喜蓄财，而爱学问；热心宗教，谨守范围，社会间每以畸人视之。印度佛祖先哲，每多此手。

圆锥手　手形大小适中，掌向上部处渐狭，指根粗，指端为圆锥状。此类之手，每易与精神手混同，须细别之。总之，爪长指尖，掌部丰柔，为圆锥形手之特征。主性质宽大，富同情心，好奢侈，喜安逸。虽思想巧妙，而缺乏忍耐力量；虽有目的，而无实行功夫。虽长于社交，议论风生，不免聪明外露，卒少沉潜，至于喜怒无常，每致友谊不终。若手掌骨硬，精神活泼，或为名优，或为音乐家，或为演说家，皆当成名。

精神手　长细而弱，指尖削，形状优美，爪为扁桃形。七型之中，以此型为最美，而以此型为最无用。此型之纯者，然亦罕见。〇主形态优美，动作静婉。其性质倾于理想，好依赖他人，缺论理观念，随波逐流，终一世而已。

复杂手　四指各异，有为尖形者，有为方形者，有为篦状者，有为哲学形者，此手性质兼多方面而有之。其思想目的，均易变更。时而为顾曲家，时而为发明机械之工程师，时而奔走政治，心如流水，身似落花。虽善交际，谙人情，不免误用长才，究竟难收效果。若手掌中智能线发达，彼亦能选得适宜之事，而展其怀抱焉。若长外交，更可胜任。盖手腕敏捷，应付裕如也。

拇 指

手相真理，**每从拇指研究而得。故拇指为手相上，最重要之观察点，**须特别注意及之。

神经病医者，由检查拇指而知麻痹症之真伪，及征候之有无。盖身体一部分，将发见病征时，其拇指能表示之也。

产婆亦然。赤子之初生也，检察其拇指。若隐于四指中时，乃赤子柔弱之征。七日后，若仍有此现象，其赤子之精神，亦必欠缺。

设往癫狂病院，检患者拇指，均非常弱小，从可知矣。凡男女立谈时，苟其人于无意中，常以四指掩其拇指，则其人必缺自信能力。

濒死之人，意识俱无之时，其拇指无力，必垂之掌中。若暂时消失意识，其拇指必仍有力也。

贝尔氏曰：黑猩猩之手，与人手相近，惟拇指过短，不能达食指之底部。由是观之，**拇指发达，长大而美者，其性质必优美，其才能智识，必超越寻常。拇指短而丑者，其性质必鄙野粗暴。拇指小而弱者，其意志精神必弱。拇指以长大坚实，为上乘。**与掌成直角，或太接近者，其人性质太刚，有趋于极端之弊。自大自尊，决非甘居人下者，与掌接近者，反是。主神经过敏，胆小拘泥，无独立之心。

拇指可分三部，**第一指骨部，代表意志。第二指骨部，代表理性。第三指骨部，代表爱情。**世间凡百事物，均支配于三者之下。

拇指各部，往往发达不甚均平。如**第一指骨部特长，**其人虽意志坚定，而理性及爱情，必十分冷淡。**第二指骨部特长，**其人偏于理性，而意志不定，少决断心。**第三指骨部特长，或拇指小弱，**其人意志、论理，均为感情所支配。此诚爱情之奴隶者，三者均所不取。

研究拇指，最饶兴趣者，即第一指骨部关节，有柔硬问题是也。柔软之时，屈曲向外，可成弓形；强硬之时，则不能屈曲。此二者均关系为人

之性质。

第一指骨部粗厚，爪形短平者，其人野性难驯，每多凶暴。第一指骨部平整者，其人性质温和，为理性所支配。

柔软关节之拇指，为拉丁人种特征。强硬关节之拇指，为斯拉夫条顿人种之特征。日人中国南部之人，均属柔者，或以为气候影响，实则由出身前后，周围环境使之然也。此种拇指，确主个人特性，亦足以代表其国民及人种性也。

柔软关节拇指　**此种拇指，主性好奢侈，不独物质已也。其思想时间及观念，均视为无足重轻，财产亦然**。又善交际，惯肆应，固易为社会所同化，富爱国及其同种之心，更能随境遇以安身也。

强硬关节拇指　**此拇指与上项，适得其反。爱实际，恶虚华，意志心力均极坚固，谨守秘密，步骤安详**。热心国家公益，以正义为指归，视己身为机械。勇于战争，能耐劳苦，哀乐不形于色。其信仰宗教也，不重仪式，而爱研究真理。

第二及第三指骨部

拇指特性中，次重要者，为第二指骨部之形状。其显征有二种：（一）如蜂腰者。

（二）粗而形状不整者。

第二指之形状如蜂腰者，其人心意才能，大都优胜。若形状粗而不整者，其人作事努力，注重实行。

手形硬者，意志坚固，优于实行；手形软者，富于思想，难于实行。

指之关节

手之关节**发达与否，手相学上颇具重大意义。盖关节为指骨部间之墙壁，最能表示特性及气质也。**

平滑关节之指　其人思想倾向本能，凡论事处事，遽下判断。在方形手时，亦不能全免此弊。苟其人确有长才，判断自归正鹄，否则能无卤莽灭裂之患乎？

平滑关节之尖指　其人全然为直觉的，不修边幅，不整仪容；书籍帐簿，杂然乱陈，而对于他人，转欲其励行规则云。

关节特殊发达之指，其人习性，与平滑关节之指，及平滑关节之尖指，适成反对。或谓人常劳动，关节自粗，实则不然。晏居无事者，每有关节发达之指；营运劳动者，竟多平滑之指。此乃多年实验，目击如斯，非想象语也。此种特性，大都根据遗传，或连绵数世，或单传一系，不仅人类为然，兽类骨格亦多见之。发达关节之人，其办事之热心，固远胜平滑关节者，即研究学问，长年攻苦，亦毫无倦心。处理大事，有泰山崩而色不变之态；而些微事故，反足以乱其衷曲也。

指

指有长短之分类。长指之人，整衣冠，尊瞻视，爱为纤细之事。于装饰屋宇见之，于指挥仆役时见之，于执政施权时见之。虽曰明察秋毫，不免流于虚伪。

短指之人，办事迅速，倾向本能，不矜细行，不讲虚文。言语爽快而多辩，不斤斤于社会习惯，亦不屑修容饰貌。

指硬而曲向内部或勾缩者，表示警戒性，胆小谦冲。

指柔而曲向外部者，善交际，性和易，具有好奇之心。

形状丑恶之手，弯曲之指，其性质亦如之。性善者必无此指。苟或有之，必易激怒，且爱嘲弄他人。

指底部细如蜂腰者，其人任性妄为，穷口腹之欲。

展开指部之时，食指、中指间之距离甚广者，表明有独立思想。四指小指间之距离广者，表明有独立行为。

食指过长者，性高慢，好支配他人，政治家、大司教中恒见之。若食指长度逾恒，与中指之长相等，其人性格高慢，具大野心。拿破仑之手，即其例也。

中指方形之人，思虑过深，几成病态。中指尖形之人，思虑浅薄，不免轻佻。

食指四指等长之人，主天性技巧，获得名誉金钱。四指中指等长之人，好赌胜负，不惜金钱，即生命之重，亦每轻于一掷。

小指形美而长与全体配合匀称者，表明有感化他人之能力。过长者，长于发表意见，或以文章，或以言语。且不问其职业如何，必具哲学风度。无论何项问题，均能解决。一举一措，每得天下人信仰，格兰得氏之手是也。

掌及手之大小

掌薄而硬，其皮肤干燥者，性质拘泥；厚而柔者，流于肉欲。

掌既坚实，复富弹力，而五指又配合相称者，其人心术平正，精神充裕，机智亦活泼迅速。

珊按：以上二则所说，与中国相法，大致相同。

掌不厚而柔者，好安逸，喜奢侈，且怠惰而流于肉欲。

掌部凹下者，为不幸之兆。其凹下处，当生命线时，[①] **主家庭不幸。其凹部当感情线时，**[②] **爱情必多失望。**手之大者，每善为纤细之事。手之小者，好为大事，其小事转非所能。例如伦敦大宝石公司手相大家孑罗会，检彼中治碹石工匠百人之手，无一能逃此原则。其中最大之手，为最巧之模范工匠云。

手之小者，好施行大计画之事，不顾其力之能胜任与否也。如平章军国、掌理大公司者，莫不皆然。

---

① 中国相法，此线为地纹。

② 中国相法，此线为天纹。

掌之色泽

掌之色泽，**较之手背色泽，尤为重要。凡掌见青白色者，**主我观念甚强，一切任性，无同情心。己身以外之事，均视为不关痛痒，亦不解其趣味。**掌见黄色者，**沉郁拘执，殆成病象。**掌见石竹之色而美者，**性情伉爽。其红色者，肉体精神，健康佳胜，又主热心活泼。

手爪甲

人之爪部，无论如何修整，其形状一毫不能改变。即或因劳动破之，磨擦损之，终必复其原状。

长爪之甚者，易罹肺病及胸部之病。爪端及两侧深嵌入肉中者，尤甚。同型之短爪，易罹咽喉病，即喉头炎、喘息、气管支炎等症。长爪形广阔而色青者，表明因神经衰弱而血液循环不良。十四岁至二十一岁、四十二岁及四十七岁之女子，屡有此现象。

爪之短而小者，易罹心脏病。短爪底部广平、不见白痕者，心脏运动弱也。爪之白痕愈大，血液循环愈良。短平之爪，底部嵌入肉中者，此即罹神经病之征也。短平之爪，两侧翻上而浮起者，麻痹症之兆也。色白而脆者，其病已深。短爪较长爪者，易罹足病及心脏病。爪有斑点者，神经过敏之症。爪小而薄者，身体多病，精神衰颓。爪细长而曲者，此脊髓病之兆。

爪形与性癖

长爪较短爪者，少判断力，易为人言惑动，性温和，与人交谦让和平，流于理想。诗歌、绘画为其所长，爱美术。游神于幻秘境界，超越于实际生活。观察事物，每好探幽索隐，不甘从表面敷衍也。短爪者反是，爱批评是非，论人长短。分析事物。不流幻想，以论理理性事实为基础，判断锐敏，固执己见，性易激怒。爪横而阔者，好斗争，喜干涉他人之事。居恒以齿啮爪者，神经质迂拘人也。

手　相

手相学之证据何在乎？曰：手纹也，丘也，形成物也。以此种种为证，而加以说明，其证据万人各不相同，双生儿亦然。若一家血统相传数代，其特征必发见于若子若孙之掌中。因此特征之传衍，足以证明其遗传之种性。尤可异者，其子之性质似父，则必传其父之手纹；似母，传其母之手纹，为一般之原则焉。

掌之丘

掌中凸起之部曰丘，手相上重要事项也。据遗传定则，从有生以俱来，决不因劳动损伤而变易其形状也。

（1）金星丘

金星丘，居**拇指底部**，为幸福之表征。此丘内含最要血管，其发达良好者，身体强健之征也。金星丘异常丰大者，情欲甚炽。金星丘代表爱情、同情心、善心、审美观念、得异性之恋爱。

（2）木星丘

木星丘，居**食指底部**。（第二指）代表野心、自大、愿望者也。

（3）土星丘

土星丘，居**中指底部。**表明喜独居，好安静，热心事务，谨守范围；爱研究规律之事，且喜音乐。

（4）太阳丘

太阳丘，居**四指底部。**其发达完善者，富审美心，具赏鉴眼；爱音律诗歌，喜研究文学哲学。

（5）水星丘

水星丘，居**小指底部。**其发达者，性喜流动，爱变化，好旅行，长机智，能咄嗟间为当意即妙之事，能迅速发表其思想。若再参观其手之他部果皆发达良好，则足以为本人幸运增加之表示，否则本人以不运终。

（6）火星丘

此丘有二。一居木星丘之下部，生命线内，而邻于金星丘，① 表示威武及勇敢之精神。若此丘发达逾恒，又表示其好斗争之特性。其他一丘，居水星丘、太阴丘之间，② 表示抵抗力、自制力及谦让之美德。

---

① 在第二指之末、即地纹之上端。

② 在第四指下端，经过人纹，近于兑位。

（7）太阴丘

太阴丘，居火星丘下部，而与金星丘相对者也。[①] 此丘发达，表示性情幽雅，富想象力，爱风景诗歌文章。

（8）各丘相互之偏倚

各丘互相偏倚之时，代表混合性质者也。即如土星丘偏倚木星丘之时，则以土星丘之喜独居、好安静等，付与木星丘，免致野心自大也。若土星丘偏倚太阳丘之时，则土星丘表示之独居、安静等观念，与太阳丘表示之技术趣味、错综而成混交之性质也。若太阳丘偏倚水星丘之时，则本人性质，既爱变化，长机智，而又爱技术之趣味也。

① 在人纹下端，属之兑乾二位。

手　纹

手有重要之纹线，大者七条。曰生命线，包拥金星丘者，[①] 智能线，纵贯掌中心者，[②] 感情线，在四指底部，与智能线并行者。[③] 金星带在感情线上部，包拥土星太阳二者。[④] 健康线，起水星丘而下走者。[⑤] 太阳线，起火星野，而升至太阳丘者。[⑥] 运命线，起手颈而升至土星丘者。[⑦] 小者五条。火星线，起火星丘而居生命线内。[⑧] 副健康线与健康线并行者，[⑨] 婚姻线，即水星丘之小平线。[⑩] 手颈线在手颈，共有三条。[⑪] 本能线，起水星丘而走太阴丘，如半月形。[⑫]

手以智能线而分为上下两半球：上半球四本之指，包木、土、太阳、水、火、等丘，代表心意也；下半球包掌底部，代表物质也。

线以明了真切为贵，切断缺损，均非上乘。色青而幅广者，非所宜也。线见青色者，身体不健全之证也，且表明缺乏精神及决断力。线见赤色者，多血性而活泼，健全者也。黄色者，胆汁性之人，而有肝脏病，且表示性情高慢，多秘密性。色暗黑者，幽郁而严厉之人也，性倨傲以报复为心。

---

① 生命线、即地纹、自第二指末之震位、直达掌之下部坎位、金星丘在大指之下、厚肉突起处、即震艮二位。

② 智能线、即人纹、自巽位至兑位。

③ 感情线，即天纹，自巽位至坤位。

④ 金星带在第三指及中指下端、其肉较高、属之离位。

⑤ 健康线，自小指下端之水星丘，直达手颈线，即由坤位至坎位也。

⑥ 太阳线在四指下端、自坤位至兑位、穿过天纹人纹也。

⑦ 运命线、自手颈之坎位、升至中指末之离位。

⑧ 火星丘，自震至坎。

⑨ 副健康线在健康线外侧。

⑩ 婚姻线、自小指末之坤位、下达乾位、又为小平行线。

⑪ 手颈线，即掌根之三横纹。

⑫ 本能线、自小指末之坤位、下弯至乾位。

主要线旁生姊妹线时，则表示增加主要线之力也。故即本线有不吉中断处，而因有姊妹线之故，可补充欠缺，减轻危险程度，或预防之。此种现象，生命线有之。若某线终点，有肉叉符号，则表明与该线有重大之价值也。如智能线终点有此，[①] 则其智力愈增矣。

某线终点有流苏状，则弱其线之力或破坏之。在生命线时，其意义尤重。盖表示身体羸弱，神经系已极度荒废也。

某线旁出支线，其向下者不佳。其向上或平出者，均增加某线之意义。如感情起点支线，表示婚姻成败。故其支线向上，爱情浓厚之征也。下向者反此。

智能线向上之支线，聪明而有大才之证也。运命线向上之支线，凡百事业，均得成功也。线成锁状者弱也。在感情线则表示薄于爱情，在智能线则表示智力薄弱，毫无定见是也。线成中断或半途消灭者，失败之证也。线成波状者，弱其线之力也。线旁如毛状簇生者，与波状同。手之全部被以网罗细线者，神经过敏也。

① 中国相法、此线为人纹。

手之左右

左右二手之区别，亦属手相学上所当注意者。据从来观察，二手间形状线纹，均夐不相同，故宜参酌观之。谚云："左手为我自有生以俱来者，右手则吾人所自创之者也。"手相学亦言左手表明吾身本来性质，右手则表示吾身经验训练。盖以右手使用多于左手，故右手较左手尤为发达，不能不以右手为根据，而下判断也。

但检查手时，左手亦不可废，须并二手而观之。先从左手，观其本来性质；后从右手，观其性质之变化。二手检查既完，乃下判断。若专用左手之人，则其左手之线，较右手为明了，又当注重左手也。左右二手之线，有一致相同者，有完全不同者。准手相原则，二手之相一致者，一生平稳，无甚变化。二手之相不同者，其生涯必多变化。观手相者，只从手纹相差之点，即可推知其人之生活状况矣。

手相学观察法

欲观手相，先与其人向光线明亮处对坐，屏去旁观，免致分神。印度古书谓，观察时间，以日出时为良。盖血液循环，早起最盛，手纹色泽较为明显也。

先察手型与指型何属，次则检察指掌，是否配合匀称。复次检察左手，以迄右手，并须注意其二手不同之点，最后即以右手为观察基础。

观相时，紧握其手。凡记号线纹，有不明了处，必须以手指捺其部分，详细观之。盖紧捺之时，血液来集，一切线纹，皆易发见之。

手之各部、手背、掌、爪、皮肤、色泽，均须次第绵密检查。第一，当察拇指之长短、发达、关节柔硬与否；复次，再观掌部柔硬，并检视其色泽；复次，再观四指与掌长短厚薄，配合匀称与否，然后决其属之何型；复次，则从爪之长短形状，检知病征性癖；最后，检视掌之各丘，察其何丘为最发达，并注意其掌纹符号。若夫观察线纹，当从何线起手，并无一定准则。大抵先从生命、健康，次及智能、运命、感情各线，为一般通则。及至观察结果，不妨据实言之，第不可不出之可同情态度。

相征丛谈

扬子《法言·君子篇》云："通天地人曰儒，通天地而不通人曰技。"吾谓欲求通人之道，必须识人。欲求识人之道，必自先通相人学始。盖相学能辨忠奸，能别贤愚。大用之则有利于国，小用之则有利于家，岂独通人识人已哉！孔孟之相学，一曰视察焉廋，一曰瞳子瞭眊，固是千古不磨。汉高帝谓刘濞"汝状有反相"，元太祖谓耶律楚材"目有真光，堪作良臣"，亦复信而有征。至于赵中令识相栽培冯拯，吕文穆识相供给富弼，后皆俱为名相。国史备书，尤为确凿。其他大将识相，名臣识相，处士识相，女士识相，事迹昭彰，指不胜屈。兹略谈一二，藉资佐证。海内同好，或不以钞胥而哂之。

树珊谨识。

圣人识相

《论语·为政》："子曰：视其所以，观其所由，察其所安，人焉廋哉！人焉廋哉！"

注：以，为也。为善者，为君子；为恶者，为小人。"观"比"视"为详矣。由，行也，谓所以行其所为者也。"察"则又加详矣。安，所乐也。所由虽善，而心之所乐者，不在于是，则亦伪耳。焉，何也。廋，匿也。重言以深明之。

解：此是先觉，不是逆亿；只是据理，不是操术。须知圣人非自矜其神鉴，亦非故欲发人之隐征也。知人，亦是学者要紧事。以由安在人者，以渐而隐；视观察在我者，亦渐而精。不惟小人易知，即窃君子之似者，亦无以遁其情。不惟君子易见，即存小人之心者，亦得以烛其隐。得是说以存之，以相天下士可也。[①]

珊按：此与《史记·仲尼弟子列传》、《正义》引中备"正月与瞿母筮"之说稍异，姑录存之。

《孟子·离娄》：孟子（亚圣）曰：存乎人者，莫良于眸子，眸子不能掩其恶。胸中正则眸子瞭焉，胸中不正则眸子眊焉。听其言也，观其眸子，人焉廋哉！

注：良，善也。眸子，瞳子也。瞭，明也。眊者，蒙蒙目不明之貌。盖人与物接之时，其神在目，故胸中正则神精而明，不正则神散而昏。廋，匿也。言亦心之所发，故并此以观，则人之邪正，不可匿矣。然犹可以伪为，眸子则有不容伪者。

解：欲求知人者，只有当用之法，而无独见之术，则人未必尽为我知

---

① 《水镜集》卷三第五十二页载：商瞿，年四十无子。孔子曰：勿忧。汝眼下隐有卧蚕纹，色甚黄明，当有五丈夫子。后果然。

也。吾试为人特标之。凡存乎人之身者，官骸悉具，何者不足为我观？而其最良者，莫如眸子。所以然者，人寐则神处于心，寤则神依于目。意念一动，而瞻瞩因之。故人有恶，类能巧饰以掩之；眸子则任真而行，独不能掩其恶也。何也？人之恶伏于胸中，胸中岂必尽恶，固有正不正两端。必其胸中正，则神之见于眸子者必瞭焉。若其胸中不正，则神之见于眸子者必眊焉。夫至于眊，其恶亦已彰彰矣。此眸子所以莫良也。

皇帝识相

《史记·高祖本纪》及《吴王濞列传》：汉高祖，姓刘氏，名邦，字季，沛丰邑中阳里人。秦时，为泗上亭长。二世立帝，起兵于沛，自立为沛公。入咸阳，降秦王子婴，除秦苛法，约法三章。已而项羽攻破咸阳，立帝为汉王，以萧何为相，韩信为大将，还定三秦，破羽于垓下。五年即皇帝位，国号汉，建都关中。在位十二年，崩于长乐宫，寿五十有五，无谥。以其功高，故特称高祖。高帝十一年，淮南王英布反，高帝自将往诛之。刘仲子，沛侯濞，年二十，有气力，以骑将从破布军。布走，荆王刘卖为布所杀，无后。上患吴会稽轻悍，无壮士以填之，诸子少，乃立濞于沛为吴王，[①] 王三郡，五十三城。已拜受印，高祖召濞相之，谓曰："汝状有反相。"[②] 心独悔。业已拜，因附其背，告曰："汉后五十年，东南有乱者，岂汝耶？然天下同姓为一家也，慎无反。"濞顿首曰："不敢。"景帝三年丁亥，濞果率吴楚七国反。濞兵败，渡江走丹徒，为人鏦杀，葬丹徒县南，其地名相唐。[③]

《梁书·本纪》：梁元帝，姓萧氏，名绎，字世诚，小字七符，武帝第七子。天鉴七年戊子，八月丁巳生，初封湘东王。侯景既废简文帝，又废豫章王而自立。世祖命王僧辨平景，大宝三年壬申，世祖犹称太清六年，四方征镇。王公卿士，劝进表三上。冬十一月丙子，世祖乃即位于江陵，[④] 改太清六年为承圣元年，时年四十五岁，州郡已大半入魏。诏令所行，千里而近；民户著籍，不盈三万。西魏遣于谨等，会萧詧伐梁。承圣三年甲戌，十一月辛卯，魏军大攻，城陷，世祖见执。十二月辛未，西魏害世

---

① 此高帝十二年丙午也。

② 应劭曰：高祖有聪略，反相径可知。至于东南有乱，克期五十，占者所知也。

③ 鏦音摠、小矛也。刺也，谓以戈刺之。

④ 江陵县、清属湖北荆州府。

祖，遂崩焉。在位三年，追尊孝元皇帝，庙号世祖。世祖聪明俊朗，天才英发，凡百技术，无所不该。初从刘景受相术，因执以年。答曰："未至五十，当有小厄，禳之可免。"世祖自勉曰："苟有期会，禳之何益?"后果如景言，寿仅四十有七。著有《孝德传》、《忠臣传》、《周易讲疏》、《老子讲疏》、《筮经》、《洞林文集》等书，都四百三十卷。

《朝野佥载》云：（唐）王显与文武皇帝，[①] 有严子陵之旧，每掣裈为戏，[②] 捋帽为欢。[③] 帝微时，尝戏曰："王显抵老不作茧。"[④] 及帝登极而显谒，因奏曰："臣今日得作茧耶?"帝笑曰："未可知也。"召其三子，皆授五品，显独不及。谓曰："卿无贵相，朕非为卿惜也。"曰："朝贵而夕死。足矣。"时仆射房玄龄曰："陛下既有龙潜之旧，何不试与之。"帝与之三品，取紫袍金带赐之，其夜卒。

《相法证验》：耶律楚材，面目丑怪。元太祖赞曰："目光湛湛，如龙睛之威，开阖闪灼逼人，其材足以正天下。"伯颜丞相曰："据臣所观，但见貌丑质粗。"太祖曰："朕常与紫碧眼道者论相，不必全美，只要辨明清浊二种，方入其妙。"遂召紫碧眼相，云："形骸外见，神气内滋。气清形浊，虽丑必贵；气浊形清，虽美亦贱。今楚材之相，面虽黑丑，奇在目中之真光湛湛，如有源之泉，愈动愈清。眉虽浓，而有伏彩之秀。此诚辅佐良臣也。"后果为相，忠君爱民。太祖每见，辄曰："汝又为百姓哭耶?"楚材曰："臣非好哭。百姓者，人主之百姓也。若陛下宽一分，则民受一分之惠。兴一利，不如除一害也。"太祖重其人，每上章，言听计从，天下阴受其福。后以功封广宁王。

---

① 姓李名世民、高祖次子在位二十三年。

② 裈音昆、袴也。

③ 捋、读如勒、以指历取也。

④ 作茧，蚕老则作茧而成蛹，喻人仕为官也。

名臣识相

《东轩笔录》：（宋）马尚书亮，以中书员外郎直史馆。使淮南时，吕许公夷简尚为布衣，方侍其父，罢江外县令，亦至淮甸，上书求见。马公一阅，知其必贵，遂以女妻之，后许公果为宰相。马公知江宁府时，陈恭公执中，以光禄寺丞经过，马接之极厚，且谓曰："寺丞他日必至真宰。"令其数子出拜，曰："愿以老夫之故，他日稍在陶铸之末。"曾谏议致尧，性刚介，少许可。一日在李侍郎虚己座上，见晏元献公。晏，李之婿也，时方为奉礼郎。谏议熟视之曰："晏奉礼，他日贵甚。但老夫耄矣，不及见子为相也。"吕许公夷简为相日，文潞公彦博为太常博士进谒。许公改容礼接，因语之曰："太博此去十年，当践某位。"夏英公竦，守黄州时，庞颖公司理参军。英公曰："庞司理他日富贵。远过于我。"既而四公皆至元宰。古云："贵人多识贵人。信有之也。"①

又云：冯拯之父为中令赵普家内知，盖勾当本宅事者也。一日中令下帘独坐，拯方十余岁，弹雀于帘前。中令熟视之，召坐与语。其父遽至，惶恐谢过。中令曰："吾视汝之子。乃至贵人也。"因指其所坐榻曰："此子他日当至吾位。"冯后相真宗、仁宗，位至侍中。②

《定命录》：（唐）御史裴周，使幽州日，见参谋姓胡，云是易州人，项有刀痕。问之，对曰："某昔为番官，曾事特进李峤。峤奖某聪明，每有诗什，皆令收掌。尝熟视谓之曰：'汝甚聪明，然命薄少官禄。年至六十已上，方有两政。三十有重厄，不知得过否。'尔后轗轲，至三十，忽

---

① 珊按：《宋史》本传：马亮，字叔明，合肥人，官工部尚书，知江宁府，以太子太保致仕，谥忠萧。〇晏殊，字同叔，临川人，官集贤殿学士同平章事，谥元献。〇夏竦，字子乔，德安人，历枢密使，封英国公，谥文庄。〇庞籍，字醇之，武成人，官观文殿学士、户部侍郎，以太子太保致仕，封颖国公，谥庄敏。

② 珊按：《宋史》本传：冯拯，字道济，河阳人。卒赠太师中书令，谥文懿。

遇张佺北征，便随入军。军败，贼刃颈不断，于积尸中卧，经一宿，乃得活。自此以后，每忆李公之言，更不敢觅官。”于寺中洒扫。展至六十，因至盐州，于刺史郭某家为客。有日者见之，谓刺史曰：**“此人有官禄，今合举荐，前十月当得官。**”刺史曰：“此边远下州，某无公望，岂敢辄荐人?”俄属有恩赦，令天下刺史，各举一人。其年五月，郭举此人有兵谋，**至十月策问及第。**得东宫卫左官，仍参谋范阳事。

《定命录》：（唐）户部尚书，范阳卢承庆，有兄子，将笄而嫁之，谓弟尚书左丞承业曰：“吾为此女，择得一婿，乃曰裴居道，其相位极人臣。然恐其非命破家，不可嫁也。”承业曰：“不知此女相命，终他富贵否。”因呼其侄女出，兄弟熟视之。承业又曰：“裴郎位至郎官，其女即合丧逝。纵遭后事，不相及也。”卒嫁与之，居道官至郎中，其妻果殁。后居道竟拜中书令，被诛籍没，久而方雪。

《青箱杂记》：陈执中好阅人，而解宾王最受知。初为登州黄县令，素不相识。执中一见，即大用，敕举京官。及后做相，又荐馆职。宾王仕至工部侍郎，致政。家雄富，诸子皆京秩，年七十余卒。宾王为人，方颐大口，敦庞重厚，左足下有黑子，甚明大。①

《闻见前录》云：富韩公之父贫甚。客吕文穆公门下，一日白公曰：“某儿子十许岁，欲令入书院事廷评。”太祝公许之。其子韩公也，文穆**见之，惊曰：“此儿他日名位，与我相似。”亟令诸子同学，供给甚厚。文穆两入相，以司徒致仕。后韩公亦两入相，以司徒致仕。文穆知人之术如此。**文靖公亦受其术。文潞公自兖州通判代归，文靖一见奇之，问潞公曰：“有兖州墨携以来。”明日潞公进墨，**文靖熟视久之，盖欲相潞公手也。**荐潞公为殿中侍御史，为从官，平贝州，出入将相五十年，以太师致仕，年逾九十，天下谓之文富。②

---

① 珊按：《宋史》本传：陈执中，官吏部尚书，复拜同平章事，昭文馆大学士。

② 珊按：《宋史》本传：富弼，字彦国，河南人。官司徒，请老，加拜司空，进封韩国公，致仕，谥文忠。〇吕蒙正，字圣功，河南人，以司徒致仕，加司空，谥文穆。〇吕夷简，字坦夫，寿州人。请老，以太尉致仕，谥文靖。〇文彦博，字宽夫，介休人，以太师致仕，封潞国公，谥忠烈，亦称文潞公。

大将识相

《谈宾录》：（唐）李勣，每临阵选将，必相有福禄者，而后遣之。人问其故，对曰："薄命之人，不足与成功名。"君子以为知言。[①]

《唐书·刘沔传》：刘沔，字子汪，徐州彭城人。父廷珍，以羽林军扈德宗奉天。以战功，官左骁骑大将军、东阳郡王。沔少孤，客振武节度使范希朝，署牙将。军中大会，沔捉刀立堂下，希朝奇之。召谓曰："后日必处吾坐。"希朝卒入为神策将。太和末，累迁大将军，擢泾原节度使。[②]

---

① 珊按：《唐书》本传：李勣，字懋功，曹州离狐人，官尚书左仆射，进位太子太师，卒年八十六，谥贞武。

② 珊按：《唐书》本传：范希朝，字致君，河南虞乡人，官朔方灵盐节度使。以太子太保致仕，谥忠武。

处士识相

《前定录》：乔琳，以天宝元年冬，自太原赴举，至大梁，舍于逆旅。时天寒雪甚，琳马死，佣仆皆去。闻浚仪刘彦庄，喜宾客，遂往告之。彦庄客申屠生者，善鉴人，**自云八十已上，颇箕踞傲物，座虽知名之士，未尝与之揖让。及琳至，则言款甚狎**，彦庄异之。琳既出，彦庄谓生曰："他宾客贤与不肖，未尝见生与之一言。向者乔生一布衣耳，何词之密欤?"生笑曰："**此固非常人也，且当为君之长吏，宜善事之，必获其报。向与言，盖为君结交耳。然惜其情反于气，心不称质。若处极位，不至百日。年过七十，当主非命。子其志之。**"彦庄遂馆之数日，厚与车马，送至长安，而申屠生亦告去，且曰："我厚君之惠，今有以报矣，请从此辞。"竟不知所在。琳后擢进士登第，累佐大府。大历中，除州刺史。时彦庄任修武令，误断狱，有死者为其家讼冤，诏下御史劾其事。及琳至，竟获免。建中初，征拜中书侍郎、平章事，在位八十七日，以疾罢。后朱泚构逆，方削发为僧，泚知之，竟逼受逆命。及收复，亦陈其状。太尉李晟欲免其死，上不可，遂诛之。时年七十一矣。

《江宁府志》：（宋）刘虚白，金陵人，善相。陈执中为抚州通判，使者将劾之。虚白曰："无患。公当作宰相。"使者果被召，半道而去。王益知韶州，日几大拜。还金陵，召虚白问状。虚白曰："当得一都官止耳。"益大不怿，以他事讼系之。已而益果终都官郎中。

《浙江通志》：（明）吴国才，奉化人，悉**心唐举之术。**远归，访故旧不在，其孙开肆，缄留而去。祖归，孙曰："顷有吴叟留书。"曰："此国才先生也，风**鉴最妙。相汝色，汝妇当粉骨碎身。其慎之。**"及期，俾妇坐新室，竟日不出。抵暮食既，启槛取水，虎爪之入山以食。门人袁柳庄，侍成祖，问其所与，以国才对。遣使召试之，果然。将锡以宫，国才以福薄辞。果卒。

《江宁府志》：（明）冯鹤鹿，句容人。早岁不识一丁，壮遇异人，**遂精相术，且通义理。**有陈某求其相，判云："宴罢琼林志气豪，洛阳新柳映宫袍。文章事业俱堪羡，不使霜飞上鬓毛。"其人**竟发而不寿。**又相兴化一人，戒其元正勿出户，恐有大灾。其人从之。至初五日，为妻所逼，出拜妇翁。行至桥上，值有弄狮戏者，为观者所排，殒于桥下。生平语多奇验如此。随李文定公门下，三十余年。数月之前，自言死日，果卒。

《丹徒县志·方技》：（清）杨庞，字仁常，自号六鹤居士。幼聪慧，目甚异，能相人吉凶。值明亡，弃举业，游浙东，遇一异人，谓庞曰："子毋效江湖术士。从吾游，可识川岳钟灵之秀。"遂从游，足迹遍天下，相人术益工。善**以气色定人穷通，以骨格定人夭寿，以声音定人贵贱，以举止定人生死，万无一失。**尝曰：**"相人别有神会，不在五官六府间也。"其言如此。**

女士识相

《宋书·高帝纪》：初，桓玄篡位，迁晋帝于寻阳。桓修入朝，高祖从至建业。玄见高祖，谓司徒王谧曰：“昨见刘裕，其风骨不恒，盖人杰也。”每游集，赠赐甚厚。玄妻刘氏，尚书令，耽之女也，**聪明有智鉴。尝见帝，因谓玄曰：“刘裕龙行虎步，瞻视不凡，恐不为人下，宜早为之所。”**玄曰：“我方平荡中原，非裕莫可。待关陇平定，然后议之。”玄卒，**为帝所灭。**

《唐书·王珪传》云：王珪，字叔玠，太原祁人。始隐居时，与房玄龄、杜如晦善。**母李尝曰：“而必贵，然未知所与游者何如人，而试与偕来。”会玄龄等过其家，李窥大惊，敕具酒食，欢尽日，喜曰：“二客公辅才，汝贵不疑。”**珪后历官礼部尚书，谥懿。

《神相证验》：（唐）刘夫人，南华人，父晏，官吏部尚书，乃侍郎潘炎之妻也，有知人鉴。京尹某有故，伺候累日不得见，遗阍者三百缣。夫人闻之，谓潘曰：“岂为人臣，京尹愿一谒见，遗奴三百缣，其危可翘足而待也。”遽劝夫避位于其子孟阳。后孟阳为户部侍郎，夫人忧惕。谓曰：**“以尔人材相貌论，位列丞郎。官不称形，吾惧祸之必至也。”**潘公解谕再三，乃曰：“不然，试**会同列，吾观之。”因遍招同寅。客至，夫人垂帘视，喜曰：“皆尔侪也。不足忧。”**问末座绿衣少年何人，曰：“补缺杜黄裳。”曰：**“此人相貌全别，必至有名卿相，汝默识之。”后果如其言。**①

《云溪友议》：苗夫人，乃太宰晋卿之女，累代台铉，张延赏之夫人也，壶关人。时选子婿，无当意者。夫人**幼习相人书，**有慧，鉴别英锐。见韦皋秀才，字城武，万年人，曰：“此人**五岳相朝，四渎连接；眉有伏**

---

① 珊按：《新唐书》云：“潘炎进礼部侍郎，以病免。”殆夫人劝其避位于子孟阳耳。及孟阳为侍郎，而夫人又忧其人材相貌不称，后果誉望大丧，年未四十而卒。《唐书》本传：杜黄裳，万年人，擢进士第，官至河中晋绛节度使，封邠国公，卒谥宣献。

彩，眼有真光；鼻既直，耳亦厚；口方声响，足短手长；乃是贵征。"遂以女妻之。韦初为殿中侍御史，权知陇州行营留后，连拒朱泚伪命，迭斩其使，拜奉义军节度使。贞元间，竟代延赏为剑南西川节度使，经略滇南，诸蛮皆内附，封南康郡王。顺宗立，诏检校太尉。卒赠太师，谥忠武。苗夫人预言其贵，诚不诬也。[①]

《泊宅编》：（宋）尚书右丞胡宗愈夫人丁氏，司封员外郎宗臣之女。自幼颖慧，无所不能。其善相人，盖出天性。在西府时，常于窗隙，遥见蔡丞相确，谓右丞曰："蔡相全似卢多逊。"或以卢蔡肥瘠、色貌不同诘之，丁氏曰："吾虽不及见卢，但常一观其画像，与今丞相神采相似。"尔后蔡果南窜。又户部尚书李常，除老龙，尹成都，涂中贻右丞书。丁氏一见其字画。惊曰："此人身笔已倒，不久数尽，须病咽喉而死。"李公行次凤翔，中毒而卒。[②]

① 珊按：参阅《新唐书》韦皋本传。

② 《宋史·奸臣传》：蔡确，字持正，泉州晋江人，贬英州别驾，新州安置，卒于贬所。○《宋史》本传：卢多逊，怀州河内人，配流崖州。雍熙二年，卒于流所，年五十二。

相识圣人

《韩诗外传》：孔子出卫之东门，逆姑布子卿。曰："二三子引车避，有人将来，必相我者也。志之。"姑布子卿亦曰："二三子引车避，有圣人将来。"孔子下步，姑布子卿迎而视之五十步，从而望之五十步。顾子贡曰："是何为者也。"子贡曰："赐之师也。所谓鲁孔丘也。"姑步子卿曰："是鲁孔丘欤！吾固闻之。"子贯曰："赐之师何如?"姑布子卿曰："得尧之颡，舜之目，禹之颈，皋陶之喙。从前视之，盎盎然，似有王者。从后视之，高肩弱脊，此惟不及四圣者也。"子贡吁然。姑布子卿曰："子何患焉？污面而不恶，葭喙而不藉。远而望之，羸乎若丧家之狗。子何患焉?"子告以告孔子，孔子无辞，独辞丧家之狗耳。曰："丘何敢乎?"子贡曰："污面而不恶，葭喙而不藉，赐已知之矣。不知丧家狗，何足辞也。"子曰："赐，汝独不见夫丧家之狗欤？既敛而椁，布器而祭；顾望无人，意欲思之。上无明王，下无贤士方伯，王道衰，政教失；强陵弱，众暴寡；百姓纵心，莫之纲纪。是人固以丘为欲当之者也，丘何敢乎?"

相识帝王

《左传·文公元年》：春，王使内史叔服来会丧。公孙敖闻其能相人也，见其二子焉。叔服云：谷也食子，**难也收子。**[①] 谷也**丰下，必有后于鲁国。**[②]

《史记·越世家》：勾践已平吴，周元王赐勾践胙，[③] 命为伯。[④] 当是时，越兵横行于江淮东，诸侯毕贺，号称霸王。范蠡遂去，遗大夫种书曰：**"蜚鸟尽，良弓藏。狡兔死，走狗烹。越王为人，长颈鸟喙，可与共患难，不可与共安乐。子何不去?"**种见书，称疾不朝。人或谗种且作乱，越王**乃赐种剑曰："子教寡人伐吴七术，寡人用其三而败吴，其四在子，子为我从先王试之。"种遂自杀。**

《史记》：秦王见尉缭，亢礼，衣服食饮与缭同。缭曰：**"秦王为人，蜂准，长目，挚鸟膺，豺声，少恩而虎狼心，居约易出人下，得志亦轻食人。我布衣也，然见我常身自下我，诚秦王得志于天下，天下皆为虏矣。不可与久游。"乃亡去。**王觉，固止之，以为秦国尉。

《汉书·高帝本纪》：单父人吕公善沛令，避仇从之客，因家焉。吕公者，好相人，见高祖状貌，因重敬之。**曰：臣少好相人，相人多矣，无如季相，愿季自爱。臣有息女，愿为箕帚妾。**[⑤] 酒罢，吕媪怒吕公曰："公始常欲寄此女与贵人。沛令善公，求之不与，何自妄许与刘季。"吕公曰：**"此非儿女子所知。"卒与高祖。吕公女，即吕后也，生孝惠帝、鲁元**

---

① 谷、文伯；难、惠叔也。食子，奉祭祀供养者也。收子，葬子身也。

② 丰下，盖方面也。

③ 胙音祚，祭肉也。

④ 伯，布亚切，与霸同。

⑤ 张晏曰：古人相与语，多自称臣，自卑下之道也。若今人相与言，自称仆也。师古曰：息，生也。言已所生之女。妾，妇人之谦称，不可泥作副室解。《史记·陈平世家》云：陵母私送使者，泣曰：为老妾语陵，谨事汉王。毋以老妾故，持二心。

公主。

《吴志·孙权传》：孙权，字仲谋。兄策，既定诸郡，时权年十五，以为阳羡长。郡察孝廉，州举茂才，行奉义校尉。汉以策远修职贡，遣使者刘琬加锡命。琬语人曰：“吾观孙氏兄弟，虽各才秀明达，然皆禄祚不终。惟中弟孝廉，形貌奇伟，**骨体不恒，有大贵之表，年又最寿。尔试识之。”**

《五代史·吴越世家》云：钱镠，字具美，杭州临安人也。临安里中有大木，镠时与群儿戏木下。镠坐大石，指麾群儿为队伍，号令颇有法，群儿皆惮之。及壮无赖，不喜事生业，以贩盐为盗。县录事锺起，有子数人，与镠饮博。起尝禁其诸子，诸子多窃从之游。豫章人有善术者，望牛斗间有王气。牛斗，钱塘分也，因游钱塘占之。在临安，以相法隐市中，阴求其人。起与术者善，私谓起曰：“占君县有贵人，求之市中不可得。视君之相贵矣，然不足当之。”起乃为置酒，悉召县中贤豪为会，阴令术者遍视之，皆不足当。术者过起家，镠适从外来，见起反走。**术者望见之大惊，曰：“此真贵人也。”**起笑曰：“此吾旁舍钱生尔。”术者**召镠至，熟视之，**顾起曰：“君之贵者，因此人也。”乃慰镠曰：“子**骨法非常，愿自爱。**”因与起诀曰：“吾求其人者，非有所欲也，直欲质吾术尔。”明日乃去。起始纵其子等与镠游，时时贷其穷乏。

相识将相

《晋书·陶侃传》：有**善相者师圭，谓侃曰：**[①] **“君左手中指有竖理，当为公。若彻于上，贵不可言。”侃以针决之，见血洒壁，而为公字。以纸裛手，公字愈明。**后累官太尉。都督荆江雍梁交广益宁八州诸军事。卒年七十六，谥曰桓。

《大唐新语》：李义府侨居于蜀，袁天纲见而奇之。曰：“此郎君贵极人臣，但寿不长耳。”因请舍之，托其子，曰：“此子七品相，愿公提挈之。”义府许诺。因问天纲寿几何，对曰：“五十二外，非所知也。”安抚使李大亮、侍中刘洎等连荐之，召见试（令咏）乌，立成。其诗云：“日里飏朝彩，琴中半夜啼。上林许多树，不借一枝栖。”太宗深赏之。曰：“我将全树借汝。”自门下典仪，超拜监察御使，其后位、寿，咸如天纲之言。

《唐书·萧嵩传》：萧嵩，瓘子。貌伟秀，美须髯，始娶会稽贺晦女。僚婿陆象先，宰相子，时为洛阳尉，已有名，士争往交，而嵩汨汨未仕，人不之异。夏荣者，善相，谓象先曰：“君后**十年，贵冠人臣，然不若萧郎位高年艾，举门蕃炽。”**

《明皇杂记》：唐开元末，杭州有孙生者，善相人。因至睦州，郡守令遍相僚吏。时房琯，字次律，河南人，为司户；崔涣，安平人，自万年县尉，贬桐庐丞。孙生曰：“皆位至台辅。然房神器大宝，合在掌握中。崔后合为杭州刺史，某虽不见，亦合蒙其恩惠。”既而房以宰辅赍册书，自蜀往灵武，授肃宗。崔后果为杭州刺史，下车访孙生，即已亡旬日矣。署其子为牙将，以粟帛赈恤其家。

《玉泉子》云：（唐）杜羔，字中立。少年时，赡于财产，它无所求。

① 侃，字士行，鄱阳人。

其所与游者，徒利于酒肉，其实蔑视之也。一日，同送迎于城外逆旅。客有善相者，历观诸宾侣，独指中立曰："此子异日当为将矣。"一座大笑。中立后尚真源公主，竟为沧州节度使。

《怀庆府志》：（唐）骆山人，济源人。长庆元年辛丑，王庭凑使河阳，回及沇水，[①] 酒困，寝于道。山人熟视之，曰："贵当列土，在今年秋。"**既归，遇田弘正之难，军士拥为留后。访山人，待以函丈之礼。**[②] **乃别构一亭，去则悬榻，号骆氏亭。**

《五代史·李周传》：李周，字通理，年十六，刑州内丘人，为内丘捕贼将，以勇闻。是时梁晋兵争，山东群盗充斥道路，行者必以兵卫。内丘人卢岳，将徙家太原，舍逆旅，徬徨不敢进。周意怜之，为送至西山。有盗从林中射岳，中其马，周大呼曰："吾在此，熟敢尔耶?"盗闻其声，曰："此李周也。"因各溃去。周送岳至太原，岳谓之曰："吾少**习星历，且工相人。子方颐隆准，眉目舒彻，身长七尺，真将相也。**吾占天象，晋必有天下。子宜留事晋，以图富贵。"周后乃仕唐历晋，终开封尹。

《青箱杂记》：（宋）夏文庄公竦字子乔，谪守黄州时，庞颖公籍字醇之，为郡掾。文庄识之，异礼优待。而庞尝有疾，以为不起，遂属文庄后事。文庄亲临之，曰："异日管为贫宰相，亦有年寿，疾非其所忧。"庞语之曰："已为宰相，岂得贫耶?"文庄曰："但于一等人中为贫耳。"故庞公晚年退老，作诗述其事曰："田园贫宰相，图史富书生。"为是故也。

《辍耕录》：（元）国初，有李国用者，自北来杭，**能望气，占休咎，能相人。其人崖岸倨傲，而时贵咸敬之。**谢后诸孙字退乐者，设早馔延致。至即据中位，省幕官皆坐下坐，不得其一言祸福。时赵文敏公谓之七司户，与谢姻戚，屈来同饭。**文敏公风疮满面，李遥见即起迎，谓坐客曰："我过江仅见此人耳。疮愈即面君。公辈记取。异日官至一品，名闻四海。"**襄阳未破时，世皇命其即军中望气，逾三两舍遄还，奏曰："**臣见卒伍中，往往有台辅器。襄阳不破，江南不平，置此人于何地?"**噫！**李之术亦神矣。**国用登州人，尝为卒，遇神仙教以观日之法，能洞见肺腑，

---

① 沇音兖，古济水之源也，在河南济源县北。

② 函丈，讲席也。

世称神相。

《江宁府志》：（明）李槐，善风鉴，居金陵。朱兰嵎太史，为**诸生时，槐决其必售。及会试入京，复遇槐。曰：“精采殊常，鼻端已正，夺魁无疑。脚指甲如有楞，功名有万里之行。”榜发果验。**后册封高丽，如其言。一日谓太史曰：“尊人数已尽，恐不能越冬至，当备后事。”杜村公果以冬至前卒。太史丁艰家居，槐之子忽载槐柩至，太史赠以金及酒米等物。其子出父书，则具载书中，盖已前知之矣。

相识忠臣

《晋书·陈训传》：甘卓为历阳太守，训私谓所亲曰："甘侯头低而仰视，相法名盼刀；又目有赤脉，自外而入，不出十年，必以兵死，不领兵则可免。"卓果为王敦所害。丞相王导多病，每自忧虑以问训。训曰："公耳竖垂肩，必寿，亦大贵。子孙当兴于江东。"咸如其言。①

《癸辛杂识》：文时学，昔为秘书郎。时有金钩相士，朝省会日，挤于厅吏辈，入省中，遍阅识馆职。继而扣之，云："左偏坐二人。一月皆当补外。潘墀、王世杰也。**末坐一少年，最不佳。官虽极穹然。当受极刑。"扣其何以知之，云："顶有拳发，此受刑之相也。凡人若具此相，无得免者。"盖文宋瑞，时为正字，居末坐也。**未几潘王果出，而**宋瑞之事，乃验于两纪之后，可谓神矣。**②

《浙江通志》：（明）僧如兰，富阳人，善相术。于肃愍公，少时博戏市中，如兰见之，曰："少年何不自爱，异时救世才也。"时有道人在傍。曰："相如斯已乎？"如兰更熟视，曰："惜不令终。"道人曰："和尚可教矣。"问其姓名，不答而去。③

---

① 按：《晋书·艺术传》：陈训，字道元，历阳人。少为秘学，天文算数阴阳占候，无不毕综，尤善风角。孙皓以为奉禁都尉。吴亡入晋，随例内徙，拜谏议大夫。俄而去职还乡，年八十余卒、〇《晋书》本传：甘卓，字季思，丹阳人。元帝初渡江，授卓扬威将军，历阳内史，累官镇南大将军侍中、都督荆梁二州诸军事、荆州牧、梁州刺史，率部讨敦，被害。大宁中，追赠骠骑将军，谥曰敬。

② 珊按：《宋史》本传：文天祥，字宋瑞，号文山，又字履善，理宗时进士，官至江西安抚使。元兵入寇，天祥应诏勤王，受命使元军，被执，遁入真州。时端宗立于福州，拜天祥右相，封信国公，募兵转战，力图恢复，兵败被执，不屈，作《正气歌》以见志，遂就死。

③ 按《明史》本传：于谦，字廷益，永乐进士。宣宗时，历官中外，颇有政绩。英宗土木之变，京师震惊，群议南渡。谦议立景帝，定策固守，以社稷安危为己任，官至兵部尚书。后英宗复辟，被杀。弘治时，谥肃愍。万历时，改谥忠肃。

相识奸臣

《孔丛子·执节篇》：魏安釐王问子顺曰：“马回之为人，虽少才文，梗梗亮直，有大丈夫之节，吾以为相，可乎？”答曰：“知臣莫若君，何有不可？至**于亮直之节，臣未明也。**”王曰：“何故？”答曰：“闻诸孙卿云：**其为人也，长目而豕视者，必体方而心圆。每以其法相人，千百不失。臣见回，非不伟其体干也，然甚疑其目。**”王卒用之。三月，果以谄得罪。

《杭州府志》：（宋）僧妙应，江南人，佯狂，知人休咎。蔡京罢居钱塘，相其貌似虎，书壁有“看取明年作宰相，舞爪张牙吃众生”之句。又书云：**“众生受苦，两纪都休。”悉如其言。**〇《江南府志》又云：僧妙应，六合人，姓李氏，受业于释迦院，诵经典，欲造佛殿，化缘扬州。市**有道人，以相法授之，遂精其术。**游京师，以“东明”二字赠蔡京。京始谓其字无益，后贬潭州，卒于东明寺，始验。[①]

《浙江通志》：宋，布袍道者，不知何许人。贾似道尝驰马出游湖山，小憩栖霞岭下。道者瞪目视曰：“官人**可自爱重，将来功名不在韩魏公下。**”贾意其侮而去。既而醉博平康，至于破面，他日复遇，道者**顿足惊叹。曰：“可惜可惜！天庭已破，必不能令终矣。”其后悉验。**[②]

---

① 按《宋史·奸臣传》：蔡京，字元长，兴化仙游人，熙宁进士。徽宗时，因童贯得为尚书右仆射，兼中书侍郎，排斥元祐诸臣，复王安石新法，凡四出执国政，专以奢侈中帝意，倡丰亨豫大之说，广兴土木，库储扫地，遍布戚灵，疾视人民，遂有靖康之变。钦宗立，贬韶儋二州，行至潭州死，年八十。

② 按《宋史·奸臣传》：贾似道，字师宪，台州人。理宗时，以姊为贵妃，累官左丞相，兼枢密使，军汉阳。会元兵攻鄂州，似道割地纳币请和，诡以鄂州围解表闻。度宗立，似道益专政，同平章军国事，封魏国公。寻元兵迫建康，宋军屡败。陈宜中等劾似道罪，贬之至漳州，孙虎臣杀之。

相识后妃

《汉书·高祖本纪》：高祖尝告归之田。吕后与两子居田中，有一老父过，请饮，吕后因餔之。老父相后曰："夫人天下贵人也。"令相两子，见孝惠帝曰："夫人所以贵者，乃此男也。"相鲁元公主，亦皆贵。老父已去，高祖适从旁舍来，吕后具言客有过，相我子母皆大贵。高祖问，曰："未远。"乃追及问老父。老父曰："乡者夫人儿子，贵皆以君。君相贵不可言。"高祖乃谢曰："诚如父言，不敢忘德。"及高祖贵，遂不知老父处。

《晋书·孝武文李太后传》云：李太后，讳陵容，本出微贱。始简文帝为会稽王，有三子。俱夭。自道生废黜，献王早世，其后诸姬绝孕，将十年。帝令卜者扈谦筮之，曰："后房中有一女，当育二贵男，其一终盛晋室。"时徐贵人生新安公主，以德美见宠，帝常翼之，有娠而弥年无子。会有道士许迈者，朝臣时望，多称其得道，帝从容问焉。答曰："迈是好山水人，本无道术，斯事岂所能判？但殿下德厚庆深，宜隆奕世之绪。当从扈谦之言，以存广接之道。"帝然之，更加采纳，又数年无子。乃令善相者，召诸姬妾而示之，皆云非其人，又悉以诸婢媵示焉。时后为宫人，在织坊中，形长而色黑，宫人皆谓之昆仑。既至，相者惊云："此其人也。"帝以大计，召以侍寝。后数梦两龙枕膝，日月入怀，以为吉祥，向侪类说之。帝闻而异焉。遂生孝武帝及会稽文孝王、鄱阳长公主。

《北梦琐言》：（后唐）周元豹，燕人，**少为僧，其师有知人之鉴，从游十年，不惮辛苦，遂传其秘，还乡归俗。**明宗夏皇后，方事巾栉，有时忤旨，大犯夏楚。明宗忽召相之，元豹曰："此人**有藩侯夫人之位，当生贵子。"其效果验明。**宗自镇帅入篡，谓侍臣曰："周元豹昔曾言朕事，颇有征。可诏北京津置赴阙。"赵凤曰："袁许之事，元豹所长。若诏至辇下，人即争问吉凶。"乃令就赐金帛，官至光禄卿，年八十而终。

《闻见前录》：章献明肃太后，成都华阳人。少随父下峡，至玉泉寺，有老僧者，善相人。谓其父曰：“君贵人也。”及见后，则大惊曰：“君之贵以此女。”既而曰：“远方不足留，盍游京师乎？”父以贫为辞，长老者赠以中金百两。后之家，至京师，真宗判南衙，因张耆纳后宫中。帝即位，为才人，进宸妃，至正位宫闱，声势动天下。仁宗即位，以太皇太后，垂帘听政。

相识淑女

《汉书·黄霸传》：黄霸少为阳夏游徼，与善相者共载出，见一女子。**相者言："此女子当富贵，不然相书不可用也。"**霸推问之，乃其乡里巫家女也。**霸即娶为妻，与之终身。为丞相，后徙杜陵。**

《东轩笔录》：（宋）王克正，仕江南，历贵官，归本朝，直舍人院。及死，无子。其家修佛事为道场，唯一女十余岁，缞绖跪炉于像前。会陈抟入吊，出语人曰："王氏女，吾虽不见其面。**但观其捧炉，手相甚贵。若是男子，当白衣入翰林，女子嫁即为国夫人矣。"**后数年，陈晋公恕，为参知政事。一日便坐奏事，太宗从容问曰："卿娶谁氏？有几子？"晋公对曰："臣无妻，今有二子。"太宗曰："王克正江南旧族，身后惟一女，颇闻令淑。朕甚念之，卿可作配。"晋公辞以年高，不愿娶。太宗敦谕再三，**晋公不敢辞，遂纳为室。不数日封郡夫人，如陈之相也。**

相能为国家解决疑问

《左传》：初，楚子将以商臣为太子，访诸令尹子上。子上曰："君子齿未也，而又多爱黜，乃乱也。楚国之举，恒在少者，**且是人也，蠭目而豺声，**[1] **忍人也，不可立也。弗听。**既又欲立王子职而黜太子商臣，商臣闻之，以宫甲围成王。王请食熊蹯而死，[2] 弗听。丁未，王缢。

《春秋后语》：平原君对赵王曰：绳池之会，**臣察武安君之为人也，小头而锐瞳子，白黑分明，眂瞻不转。小头而锐者，断敢行也。瞳子白黑分明者，见事明也。**眂瞻不转者，执志强也。[3] **可与持久，难与争锋。廉颇为人，勇鸷而爱，士知难而忍耻与之，野战则恐不如，守足以当之。"王从其计。**

《宋史·萧注传》：萧注，字岩夫，临江新喻人，能相人。自陕西还，帝问注韩绛为安抚使，施设何如。对曰："庙算深远，臣不能窥。**然知绛当位极将相。**"帝喜曰："**果如卿言，绛必成功。**"问王安石。曰："安石**牛目虎顾，视物如射，意行直前，敢当天下大事。**然不如绛得和气多，惟气**和能养万物尔。**"

《扬州府志》：（宋）妙应方善相，**名闻天下。**高宗驻维扬，应方馆于张浚家。一日自外归语浚，适见**城中人有死气者十七八，必金兵将至之兆，宜劝上南渡。浚素神其术，即入奏。**上欲留元夜观灯，未决，**俄粘罕寇至，车驾亟行，城中死者无数。**[4]

《江宁府志·方技》：（元）蔡槐，德兴人，侨居建康，工**相术，莫知所师授。与人言，率肆意指陈，无所讳避，人信而畏之。**至元丙戌，与学

---

[1] 蠭与蜂同。豺音才，兽名，与狼同类异种。

[2] 熊蹯，即熊掌。蹯音烦，兽足也。

[3] 眂读如视、古文通用。

[4] 珊按：《宋史》本传：张浚，字德远，汉州绵竹人。卒赠太师，谥忠献。

士傅立等偕召。诏问朕寿几何，对曰："仁者寿。陛下寿及八旬。"时春宫未建，尝赐见便殿，俾定储君于诸王孙中。对曰："某太孙龙凤之姿，天日之表，他日必为太平天子。"后七年登极，即成宗也。久之，大臣有为奸利者，请问休咎，槐拒不往。他日见于朝，辞色甚怒。槐曰："相公能爱国爱民，自可享期颐之福。何问为?"然亦惧其谗，授集贤学士，辞不拜，乞归田里。从之，复其家税役，隐居钟山。台省以下，恒岁时存问。数年，时相果败。元贞改元，复召，不赴，以疾终。

相能为国家培植人材

《汉书·翟方传》：翟方进，字子威，汝南上蔡人也。家世微贱，至方进父翟公，好学，为郡文学。方进年十二三，失父孤学，给事太守府为小史，号迟钝不及事，数为掾史所詈辱。方进自伤，乃从汝南蔡父相，问己能所宜。[1] 蔡父**大奇其形貌。**，谓曰：“小史**有封侯骨，当以经术进。努力为诸生学问。**”方进既厌为小史，闻蔡父言，心喜，因病归家，辞其后母，欲西至京师受经。母怜其幼，随之长安，织屦以给。方进**读经博士，受《春秋》，积十余年，经学明习，徒众日广，诸儒称之，以射策甲科为郎。后为丞相，封高陵侯。**

《魏志钟繇传》：钟繇，字元常，颍川长社人也。尝与族父瑜俱至洛阳，道遇**相者曰：“此童有贵相，然当厄于水，努力慎之。”行未十里度桥，马惊坠水，几死。瑜以相者言中，益贵繇，而供给资费，使得专学举孝廉，除尚书郎阳陵令，累官太傅。**太和四年己巳卒，帝素服临吊，谥曰成侯。

《蜀志邓芝传》：邓芝，字伯苗，义阳新野人，汉司徒邓禹之后也。汉末入蜀，未见知，待时。益州**从事张裕善相，芝往从之。裕谓芝曰：“君年过七十，位至大将军封侯。”**芝闻巴西太守庞义好士，往依焉。后历前将军，领兖州刺史，封阳武亭侯，为大将军二十余年。

《晋书·魏咏之传》：魏咏之，字长道，任城人也。家世贫素，而躬耕为事，好学不倦，生而兔缺，有善。**相者，谓之曰：“卿当富贵。”**年十八，闻荆州刺史殷仲堪帐下，有名医能疗之，贫无行装，谓家人曰：“残丑如此，用活何为?”遂赍数斛米西上，以投仲堪。既至，造门自通。仲堪与语，嘉其盛意，召医视之。医曰：“可割而补之，但须百日进粥，不

① 言从何术艺、可以自达。

得笑语。”咏之曰：“半生不语，而有半生，亦当疗之，况百日耶?”仲堪于是处之别屋，令医善疗之，唯食薄粥，其厉志如此。及补，仲堪厚资遣之。初为州主簿，桓玄竟不调而遣之。咏之早与刘裕游款，及玄篡位，协赞义谋。玄败，授建威将军、豫州刺史。义熙初，进征虏将军，持节都督六州，领南蛮校尉。咏之初在布衣，不以贫贱为耻。及居显位，亦不以富贵骄人。始为仲堪之客，未几竟践其位，论者称之。寻卒于官，谥曰桓。

《魏书·寇赞传》：寇赞，字奉国，上谷人。身长八尺，姿容严凝，非礼不动。历爵河南公，加安南将军，领护南蛮校尉，仍刺史，分洛豫二州之侨郡而益之。虽位高爵重，而接待不倦。初，赞之未贵也，尝从**相者唐文相。**文曰：“君**额上黑子入帻，位当至方伯封公。”**及贵也，文以民礼拜谒。仍曰：“明公忆民畴昔之言乎？尔日但知公当贵，不能自知得为州民也。”赞曰：“往时**卿言杜琼不得官长，人咸谓不然。及琼被选为盩厔令，**[1]卿犹**言相中不见，而琼果以暴疾不拜而终。**昔魏舒见主人儿死，自知己必至公。吾尝以卿言琼之验，亦复不息此望也。”

《隋书宇文述传》：宇文述，字伯通，代郡武川人。年十一，时有相者，谓述曰：“公子**善自爱，当位极人臣。”**周武帝时，以**父军功起家，拜开府仪同三司。**及卒，赠司徒尚书，益曰恭。

《宋史·王彦超传》：王彦超，大名临清人，性温和恭谨，能礼下士。少事后唐魏王继岌，继岌讨蜀，还至渭南，会明宗即位，继岌遇害，左右遁去。彦超乃依凤翔重云山僧，含晖道人为徒。晖善**观人，谓彦超曰：“子富贵人也，安能久居？此给资帛遣之。”**时晋祖帅陕，乃召至帐下，委以心腹。入宋为金吾卫上将军，封邠国公。[2]

《归田录》：钱副枢若水，字澹成，一字长卿，河南新安人。尝遇异人传相法，其事甚怪。钱公后传杨亿，字大年，建州浦城人。故世称此二人，有知人之鉴。仲简字畏之，扬州江都人，少习明经，以贫佣书大年门下。**大年一见，奇之曰：“子当进士及第，官至清显。”乃教以诗赋。天禧中，**举进士第一甲及第。**官至正郎，天章阁待制以卒。**

---

① 盩厔，读如周窒，今县名，属陕西。

② 邠音宾，古国名，周之先也。

《元史·洪福源传》：洪君祥，小字双叔，福源第五子也。年十四，随兄茶丘见世祖于上京。帝悦，命刘秉忠相之。秉忠曰："是儿**目视不凡，后必以功名显。但当致力于学耳。"令选师儒诲之。**

《桯史》：（宋）内黄傅珏者，[1] 以财雄大名。父世隆，决科为二千石。珏不力于学，弁鷃碌碌下僚，**独能知人。尝坐都市，阅公卿车骑之过者，言他日位所至，无毫发差。初不能相术，每曰："予自得于心，亦不能解也。"**尝寓北海，王沂公曾，始就乡举。珏**偶俟其姻，于刺围之外遇之，明日以双笔要而遗之，曰："公必冠多士，位宰相。它日无相忘。"闻者皆笑，珏不为怍，遂定交，倾赀以助其用，沂公赖之。既而如言，**故沂公与其二弟，以兄事之，终身不少替。前辈风谊凛凛固可敬，而珏之识亦未易多得也。珏死明道间，官止右班殿，直监博州酒。其孙献简、尧俞，元祐中为中书侍郎。自志其墓。余尝见前辈所记云。[2]

珊按：《宋史》本传：王曾，字孝先，青州益都人。咸平中由乡贡试，礼部廷对皆第一。相仁宗，宝元元年终。判郓州，赠侍中，谥文正。《宋史·范质传》：范质，字文素，大名宗城人。既登朝，犹手不释卷，人或劳之。质曰："有善相者谓我**异日位宰辅。诚如其言，不学，何术以处之？**后从世宗征淮南，诏令多出其手。吴中文士，莫不惊伏。卒年五十四。质性不急。好面折人，以廉介自持，未尝受四方馈遗。前后所得禄赐，多给孤遗。闺门之中，食不异品，身没家无余资。太祖因论辅相，谓侍臣曰："朕闻范质，止有居第，不事生产，真宰相也。[3]

《无锡县志》：（明）顾节，字公理，性伉直，好面折人过。常减息缓急于人，然晚而所殖益厚。善许负术，自谓**其女当大贵。**时邵文庄宝，三岁丧父，家甚贫，无肯以女妻者。节一见之，喜曰：**"吾女之贵，乃在此子乎？"即许字焉，且抚视甚至。后人以此服之。**

---

① 珏音觉。
② 弁音下，鷃音曷。
③ 郓音运。郓城，今县名，属山东省。

相能示人由困而亨

后梁罗尊师，长安人，深于相术。罗隐在科场，恃才傲物，尤为公卿所恶，故六举不第。隐以貌陋，恐为相术所弃。每与尊师接谈，常自大以沮之。及其屡遭黜落，不得已始往问焉。尊师笑曰：”贫道知之久矣。但以吾子决在一第，未可与语。今日之事，负道敢有所隐乎？且吾子之于一第也，贫道观之，虽首冠群英，亦不过簿尉尔。若能罢举，东归霸国以求用，则必富且贵矣。两途，吾子宜自择之。“隐懵然不知所措者数日。邻居有卖饭媪，见隐惊曰：“何辞色之沮丧如此，莫有不决之事否?”隐谓知之，因尽以尊师之言告之。媪叹曰：“秀才何自迷甚焉。且天下皆知罗隐，何须一第然后为得哉！不如急取富贵，则老婆之愿也。”隐闻之释然，遂归钱塘。时钱镠方得两浙，置之幕府，使典军中书檄，其后官给事中。年八十余，终于钱塘，师尊之言悉验。①

① 《旧五代史·梁书·罗隐列传》注，引《五代史》补。

相能勉人弃邪从正

《太平广记·相类》引蜀梼杌：（唐）僧处弘，习禅于武当山。王建，字光图，其先颍州郾城，后徙居填城。**隆眉广颡，身高七尺，与晋晖辈，以剽窃为事。**被重罪，系许昌，而狱吏纵之使去。僧处弘**见而勉之曰：“子骨相异常，他日位极人臣，何不从戎，别图功业，而夜游昼伏，沽贼之号乎？”建感之。投忠武军。后建在蜀，弘拥门徒入蜀，为构精舍以安之，即弘觉禅院也。**

相能使人达观为善

《摭言》：（唐）裴晋公度，字中立，河东闻喜人，质状眇小。有相者曰：“郎君形神，不入相书。若不至贵，即当饿死。今殊未见贵处。”一日游香山寺，有妇人致一缇缯于僧伽蓝楯，祈祝掷筊，瞻拜而去。度见其所致。收取至暮。妇人竟不至。诘旦，复携来。向者妇人疾趋，抚膺曰：“阿父无罪被系。昨告人假得玉带二、犀带一，以赂要津。不幸遗失。老父之祸，无所逃矣。”度因授之，妇人拜泣，请留其一，度不答而去。后见相者曰：“必有**阴德及物，前途万里，非某所知也。”度果位极人臣。**卒年七十六，赠太傅，谥文忠。[①]

《辍耕录》：（明）昔真州一巨商，每岁贩鬻至杭。时有挟姑布子之术，曰鬼眼者，设肆省前，言皆奇中，故门常如市。商方坐下，忽指之曰：“公大富人也。惜乎**中秋前后三日内，数不可逃。”**商惧即戒程。时八月之初，舟次扬子江，见江滨一妇，仰天大号。商问焉，答曰：“妾之夫，作小经纪，止有本钱五十缗，每买鹅鸭过江货卖，归则计本于妾。然后持赢息，易柴米，余资尽付酒家，率以为常。今遗失所留本钱，非惟饮食之计无所措，亦必被棰死，宁自沉。”商闻之叹曰：“我今厄于命。设令铸金可代，我无虞矣。彼乃自夭其生。哀哉！”亟赠钱一百缗，妇感谢去。商至家具以鬼眼之言告父母，且与亲戚故旧叙永诀，闭门待尽。父母亲故，宛转宽解，终弗自悟。逾期无他故，复之杭。舟阻风，偶泊向时赠钱处，登岸散步，适此妇襁负婴孩遇诸道，迎拜且告曰：“自蒙恩府持拔，数日后乃产。母子二人，没齿感再生之赐者，岂敢忘哉！”商至杭，便过鬼眼所，惊顾曰：“公中秋胡不死？”乃详**观形色而笑曰：“公阴德所致，必曾救一老阴少阳之命矣。”**商异其术，揭钱若干以报之。

---

① 楯音盾，栏槛也。纵曰栏，横曰楯。

《泳化类编》：（明）徐昂，泰州人，登弘治甲辰进士，初无嗣。因赴试过京，有相士王姓者，言多中，士大夫皆神其术。昂往问嗣，王曰："君相不容嗣，为之奈何。"徐初亦不为忿，及登第，出守西安。因途纳一嬖，颇妍。徐诘其姓，嬖详告之。曰："予某地人，父名某，作某官，丧于某年。向以岁饥，为贼暴掠售于此。"徐悯其为故家女也，即焚券，不令为妾。及之任，择郡民行修者，出簪服配之。秩满，复入京。王见之。惊曰："君相异矣，子星满容，讵非培德所致乎？"后徐氏庶妾，一岁而育五子，咸磊落越人。

小门生　江都包济民、镇江李茂如　同校

子　绍珊侍校

跋

魏子建植《相论》云：世固有人身瘠而志立，体小而名高者，于圣则否。是以尧眉八彩，舜目重瞳；禹耳参漏，文王四乳。然则世亦有四乳者，此则驽马一毛似骥耳。宋臣有公孙吕者，身长七尺，面长三尺、广三寸，名震天下。若此之状，盖远代而求，非一世之异也。使形殊于外，道合其中，名震天下，不亦宜乎？语云：无忧而戚，忧必及之；无庆而欢，乐必随之。此心有先动，而神有先知，则色有先见之。故扁鹊见桓公，知其将亡；申叔见巫臣，知其窃妻而逃也。

附录　管辂神相秘传

叙

风鉴之术，由来古矣。尧眉八彩，舜目重瞳。耳有三漏，大禹奇形。臂有四肘，成汤异体。文王四乳垂胸。周公两手反握。重耳骈臂而兴霸。勾践乌喙以灭国。熊状豺声。叹若敖之不禄。言徐视下，知单子之将亡。此记诸圣经肾传，皆信而有征者也。

汉高隆准大度，昭烈垂手过膝。齐高帝有钟鼓之音，唐太宗有龙凤之姿。陈平面如冠玉，身居廊庙，卫青额似覆肝，食禄万锺。燕颔尾头，定远投笔而成功业。龟形鹤息，终军弃繻而振声名。邓通饿死，缝纹入于口中。李广难封。赤缕贯于睛内。狼颇面正，魏武知司马之不臣。虎吻鸱睛，公孙相王莽之食肉。此皆载在史册，而亦班班可攷者也。然则风鉴，又乌可忽而不讲哉？

然余恶夫世之术者，分门别户，流品错杂。既纷繁以紊序，亦错误而层出。言理则西爪东鳞，谈相则南辕北辙。徒执一孔之见，遂欺伪以侈其辞。致令大雅之儒，群鄙弃而不屑道。不知觇貌必先觇品，审面尤贵审心。心为面本，审心而善恶自见。品为貌表，觇品而祸福自明。且恶相近乎威仪，薄相近乎清秀，俗相近乎古。丑相近乎怪，凶相近乎奇。使不精细辨之，未有不差以毫釐，而失之千里者。

汉管辂先生，著神相秘传一书，指人迷途。倘即易所谓吉凶同患，利人济物之意也欤。

大宋端拱七年夷则月希夷老人记于华巅之卧虎岩

十三部位总要图

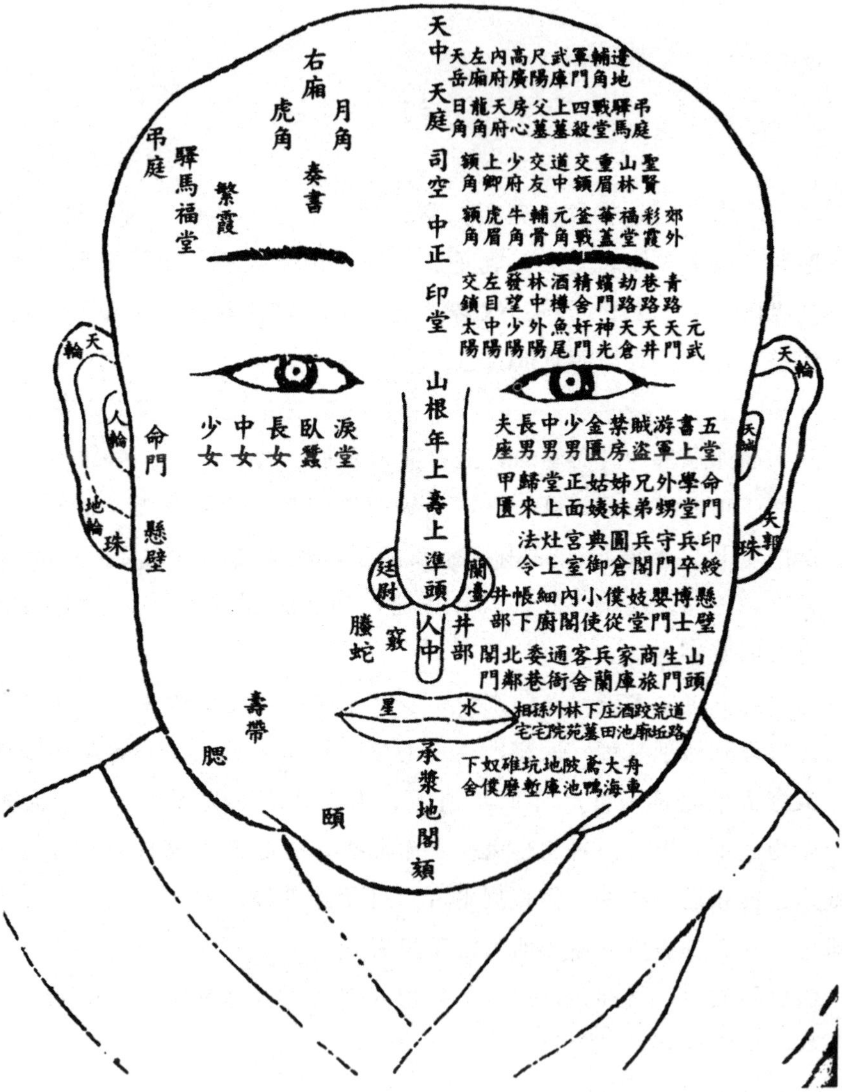
天中
天庭
司空
中正
印堂
山根
年上
壽上
準頭
人中
承漿
地閣
頦
天岳 左廂 內府 高廣 尺陽 武庫 軍門 輔角 邊地
日角 龍角 天府 房心 父墓 上墓 四殺 戰堂 驛馬 弔庭
額角 上卿 少府 交友 道中 交額 重眉 山林 聖賢
額角 虎眉 牛角 輔骨 元角 釜戰 華蓋 福堂 彩霞 郊外
交鎖 左目 發望 林中 酒樽 精舍 嬪門 劫路 巷路 青路
太陽 中陽 少陽 外陽 魚尾 奸門 神光 天倉 天井 天門 元武
夫座 長男 中男 少男 金匱 禁房 賊盜 游軍 書上 五堂
甲匱 歸來 堂上 正面 姑姨 姊妹 兄弟 外甥 學堂 命門
法令 灶上 宮室 典御 園倉 兵閣 守門 兵卒 印綬
井部 帳下 細廚 內閣 小使 僕從 妓堂 嬰門 博士 懸壁
閣門 北鄰 委巷 通衛 客舍 兵蘭 家庫 商旅 生門 山頭
相宅 孫宅 外院 林苑 下墓 庄田 酒池 跤廟 荒坵 道路
下舍 奴僕 碓磨 坑塹 地庫 陂池 鵞鴨 大海 舟車
右廂
虎角
月角
奏書
弔庭
驛馬
福堂
繁霞
命門
懸壁
少女
中女
長女
臥蠶
淚堂
廷尉
蘭臺
井部
螣蛇
竅
星
水
壽帶
腮
頤
天輪
人輪
地輪
珠
天輪
天輪
天郭
珠

流年运气部位图

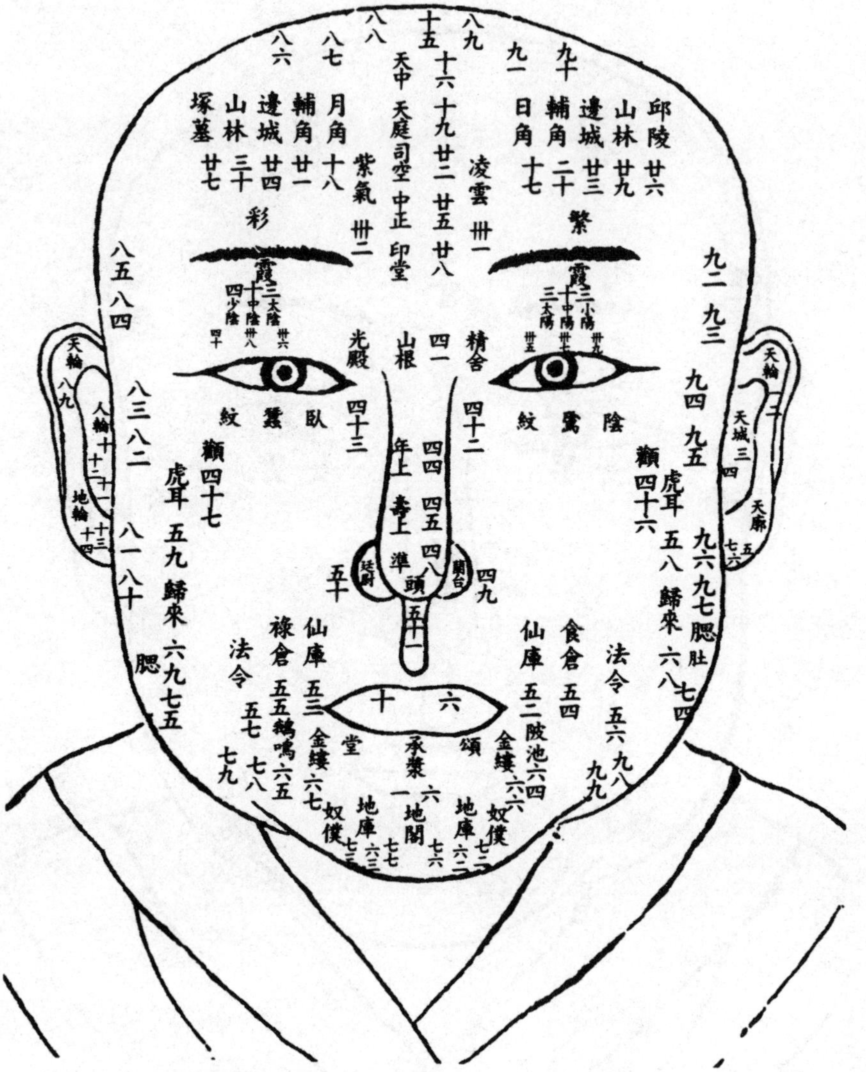
天中
天庭
司空
中正
印堂
山根
年上
壽上
準頭
承漿
地閣
日角
月角
輔角
邊城
山林
邱陵
塚墓
凌雲
紫氣
彩
霞
繁
霞
太陰
中陰
少陰
太陽
中陽
少陽
光殿
精舍
臥蠶紋
陰騭紋
顴
虎耳
歸來
腮
腮肚
仙庫
祿倉
食倉
法令
金縷
堂
頌
鵝鳴
陂池
奴僕
地庫
天輪
人輪
地輪
天城
天廓

十二宫图

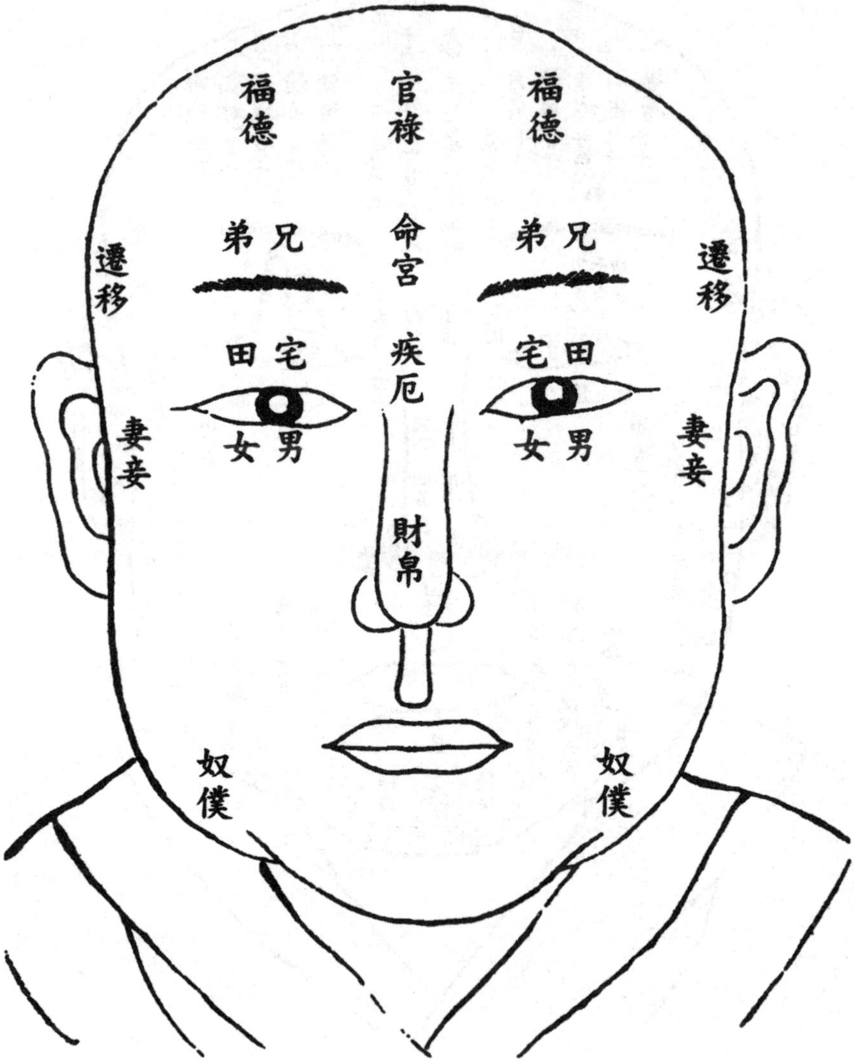

五官图

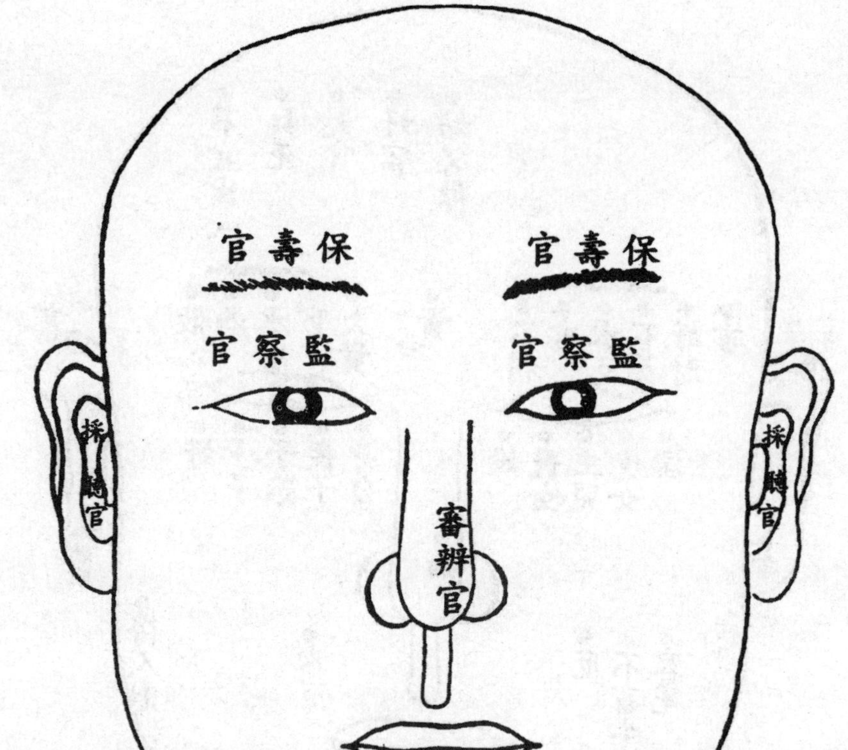

面痣图

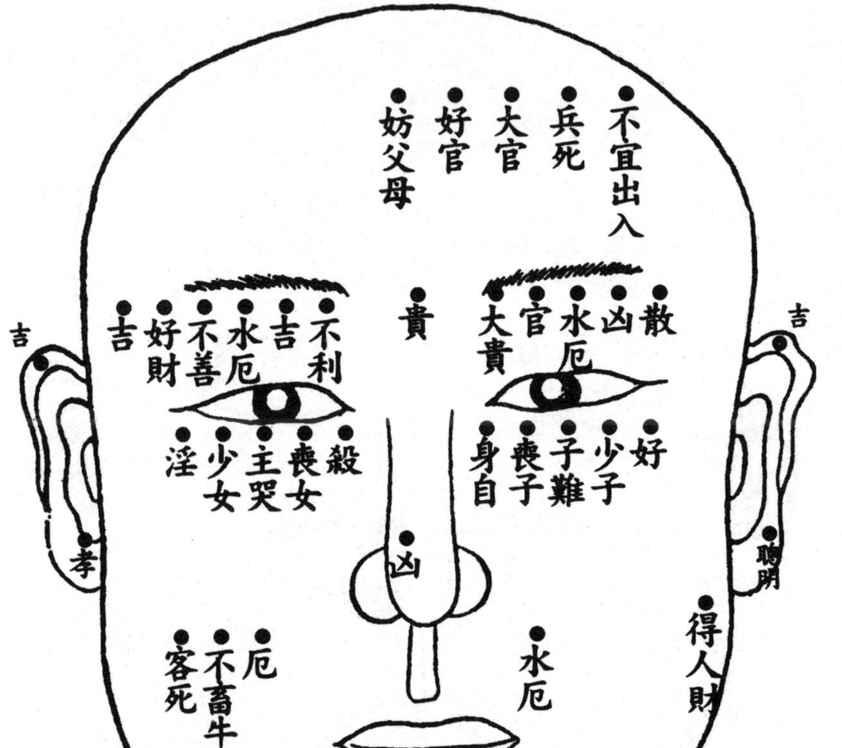
妨父母
好官
大官
兵死
不宜出入
吉
吉
好財
不善
水厄
吉
不利
貴
大貴
官
水厄
凶
散
吉
淫
少女
主哭
喪女
殺
身自
喪子
子難
少子
好
孝
凶
聰明
得人財
客死
不畜牛馬
厄
水厄
聰明
酒卒
吉
善

痕纹图

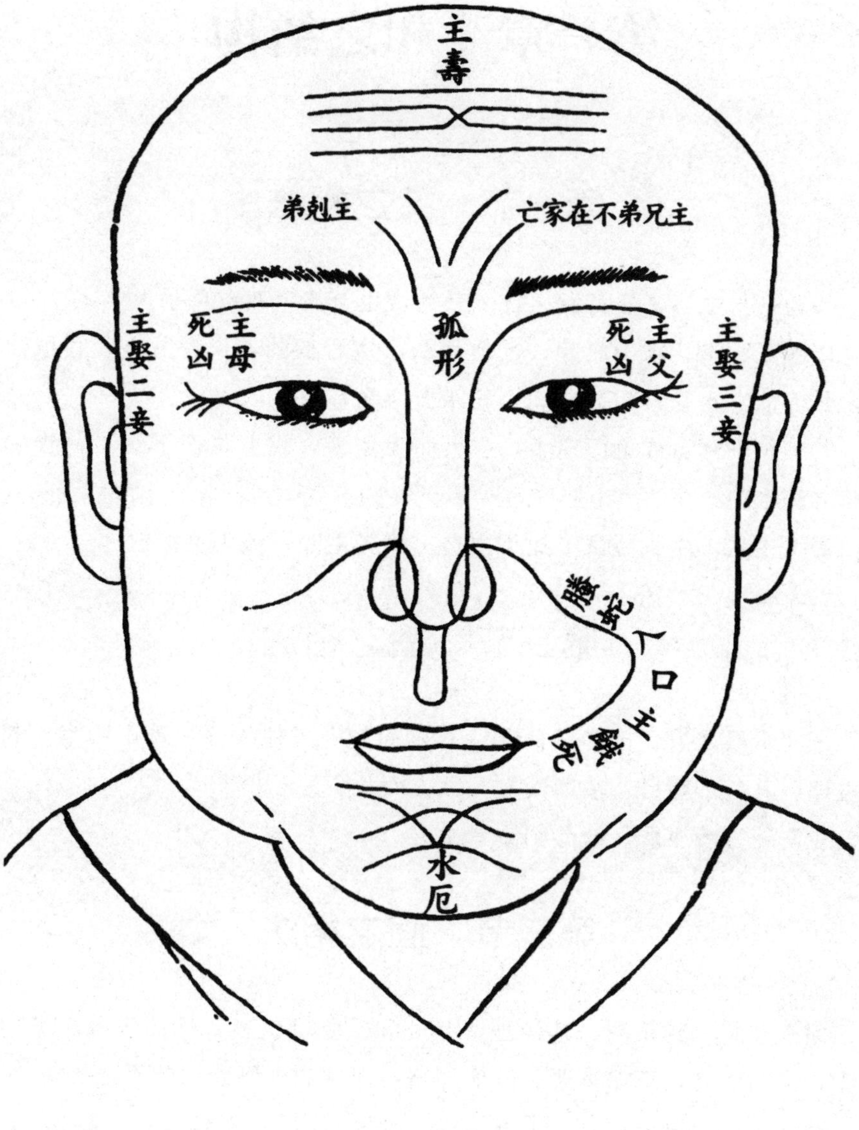

第一章　相之结构

第一节　头之相法

头为一身之尊，居百骸之首。其为位也至高，故取象乎天。

以圆正为贵。欲丰而起，欲峻而凸。短者欲圆，长者欲方。其顶欲平广，其前欲方正，其后欲丰满，其四面隐隐有棱角。

若尖小削薄，或偏而窄者，或大而无角者，或上狭而下短者，皆主有缺陷之相也。

虎头主贵。牛头主富。蛇头主贫。獐头主贱。兔头主忧虑。

第二节　额之相法

额司贵贱之府。欲隆然而起，耸然而阔。五柱入顶，贵不可言。其峻如立壁，其广如覆肝。欲明而润，欲方而长。

左右偏亏者主贱。缺陷削小者主灾。

第三节　面之相法

面欲丰腴，其貌端，其神静，其气和。堂堂仪表，见而生敬。其白如凝脂，黑如漆光，黄如蒸栗，紫如绛缯，而神满气厚者，荣贵之资也。

欹斜不正，倾侧反势。色嫩气娇，精浮神泛。赤暴如火，昏暗如泥。毛色茸茸若有尘埃者，贫穷夭折之相也。

面如满月，气深色秀，而神彩射人者，谓之朝霞之面，必大贵。

身肥面瘦者，命长性缓。身瘦面肥者，命短性急。

面白身黑者，性易而贱。面黑身白者，性难而贵。

面有十字诀，即由甲申田同王圆目用风是也。

由字面，主先苦后甘。

甲字面，主先甘后苦。

申字面，主中年稍顺，前后不利。

田字面，主富贵寿考。

同字面，主人富大贵，福寿绵绵。

王字面，主名利不能两得。

圆字面，主孤杀太重，防有横灾。

目字面，主下贱。

用字面，主平常衣食。

风字面，主始富终贫。

第四节　耳之相法

耳主贯脑，而通心胸，为心之司牧。故肾气旺，则清而聪，肾气虚，则昏而薄。耳不论大小，要轮廓分明。垂珠贴肉，色鲜红润。耳门阔大。厚而尖。耸而长。最忌形尖皮薄。黑干焦枯。轮飞廓反。

大抵贵人或有贵眼而无贵耳者。贱人或有贵耳而无贵眼者。是在善相者。先相其色。后相其形，细心辨之而已。

金耳。水耳。土耳。垂肩耳。贴脑耳。棋子耳。主富贵。

木耳。开花耳。主贫。

火耳。主孤寿。驴耳。主贫寿。

猪耳。主孤贫。箭羽耳。扇风耳。主破贫。

低反耳。主夭。虎耳。主奸。鼠耳。主作窃。

第五节　眉之相法

眉者媚也，为两目之华盖，主一面之威仪，且属两目之精英，故可分贤愚之别。眉主早成，取其浓而细，疏而不断，短有神气，长有起伏，秀润光彩者，为可贵也。如间断逆流，浮暗枯索，粗硬散秃，压眼低垂者，最为下乘。

古人云：快乐无穷，只因眉生两角。多忧常虑，皆为两眉太蹙。

龙眉。狮眉。虎眉。剑眉，柳叶眉。清秀眉。旋螺眉。新目眉。主富贵。

一字眉。卧蚕眉。前清后疏眉。盖目入鬓眉。主早贵。

扫帚眉。短促秀眉。主寿。八字眉主孤寿。

交加眉。疏散眉。间断眉。大短促眉。主贫贱。

小扫帚眉。主克兄弟。罗汉眉。主孤单。

鬼眉尖刀眉。主凶暴盗贼。

黄淡眉。主破败客死。

第六节　眼之相法

眼之于人身，犹日月之丽于天也。天得日月以照万物，人凭眼目以察万物。

盖眼目者，人身上之日月也。左眼为日为阳，右眼为月为阴。须黑白分明，睛光朗耀。其神取清净有光，含藏不露，彻底分明。

如白多黑少。黄赤侵睛。或阴阳反背。或白占瞳人。或红缠黑光。或黑白混杂。皆非眼之善也。

盖目不欲怒。睛不欲赤。势不欲坚。视不欲定。神不欲困。眩不欲反。瞳不欲偏。光不欲露。所以古人论眼。最忌流丽不蓄与睛浮赤缕也。

凤眼。龙眼。狮眼。象眼。虎眼。鹿眼。猴眼。鹤眼。雁眼。鹳眼。鹊眼。孔雀眼。鸣凤眼。睡凤眼。伏犀眼。阴阳眼。主富贵。

牛眼。鸾眼。猫眼。鸳鸯眼。主富。龟眼。鹅眼。主福寿。

羊眼。马眼。虾眼。蟹眼。鹭鸶眼。鹧鸪眼。主贫贱。

燕眼主有信。猿眼主诈伪。

猪眼。熊眼。狼眼。蛇眼。蜂眼。主凶恶横死。

鸽眼。醉眼。桃花眼。主淫。鱼眼主早夭。

第七节　鼻之相法

鼻乃一面之柱，为肺之灵苗。肺虚则鼻通，肺实则鼻塞。

人面之有鼻。无异于地面之有土山也。山不厌高。土不厌厚。故鼻取其端正耸直。形如悬胆。齐如截筒。色鲜黄明。其头宜圆润。其孔窍宜丰厚。而收藏。不露不昂。得两旁相应。盖孔外厚而隆。户小而藏。内有积也。孔外低而薄。户大而露。内无积也。不宜曲陷低塌。又不宜尖薄掀起。

龙鼻。伏犀鼻。主大贵。虎鼻。牛鼻。蒜鼻。主大富。

狮鼻。鹿鼻。猩鼻。胡羊鼻。悬胆鼻。截筒鼻。盛囊鼻。主富贵。

猴鼻。鲫鱼鼻。露脊鼻。露灶鼻。主贫贱。偏凹鼻。主贫夭。

剑锋鼻。孤蜂鼻。三弯三曲鼻。主孤独。

狗鼻主窃贼。鹰鼻主险恶。猿鼻。獐鼻。主薄义。

第八节　人中之相法

人中居鼻下唇上之中部，有沟洫之象。

欲长而不欲短。欲深而不欲浅。欲正而不欲斜。阔而不凸。盖人中之长短，可以定寿命之长短。人中之广窄。可以定子息之有无。

然论人中者。上必辨鼻之端与不端。下必须辨口之藏与不藏。次视其颏之丰与不丰。须眉之照应不照应。及其两旁之端肃不端肃为要也。

第九节　口之相法

口所以饮食而通五脏。造化之关，福祸之柄。赏罚之所出，是非之所寄也。

又为言语之门，心之外户。故端正不妄言。谓之口德。诽谤多言谓之口贼。

取其深藏端方。阔厚红润。大者取其有收。小者取其红方。

彼阔而不正。大而不收。黑而不红。尖而不藏。偏而斜小。薄而下垂者。非善相也。

若掀其唇。露其齿。则元气泄矣。

龙口。方口。主贵。虎口。牛口主富。猴口主福寿。

弓口。四字口。仰月口。樱桃口主富贵。猪口。羊口。鲫鱼口。鲇鱼口。覆船口。吹火口。主贫贱。皱纹口主孤独。

第十节　唇之相法

唇为口之城廓，舌之门户。一开一阖，荣辱之所系焉。

欲端厚而不尖薄。欲棱方不欲促缩。欲红润不欲白黑。取覆载多纹理。上唇名为金覆。下唇名为金载。上下唇相当。其色如丹砂者贵。

第十一节　齿之相法

构百骨之精华。作一口之锋刃。运化万物。以颐六腑者齿也。故可定人生食禄之有无。

齿为骨之馀。而所以养之者。则为血。血强则齿坚。血衰则齿落。

方长阔大。而排列坚齐者主长寿。尖薄稀疏。短齙曲漏者主夭年。是以观其齿。可以知其人之寿命，宜细而密。长而厚。齐而坚。多而白者佳。

龙齿。虎齿。牛齿。主富贵。狗齿。鬼齿。主贫贱。鼠齿主窃贼。猴齿主寿而贪诈。

第十二节　舌之相法

舌之为要。内与饮食为号令。外与应对为铃铎。为神之宫府。心之舟楫。是以性命枢机。一身得失。有所托焉。

其形有大小，有方圆，有厚薄，有长短尖缩。其纹有纵横粗细。其气有润湿干燥焦枯。其色有黄赤白黑红紫。取其方大长厚。纹多。而秀。润泽不枯。鲜红而有锋刃。

若圆小短薄尖缩。纹理粗燥。色呈黄白青黑。皆非佳征也。

第十三节　颧之相法

颧者权也。颧高者，必有呼聚喝散之威。随陷无势，当权反覆。

颧有关锁，自能起家。低尖无关无锁，衣食破缺。双颧插天，两目有威，方有威权，万人皈依。颤高鼻丰颊满，中年享用到老。颤高颐削，作事难成。独颧无面，中年败业。有面无颤，为人少力。显高髩疏，老年孤独。颧高鼻陷，多成多败。

第十四节　颐之相法

颐居人面下部之两旁，亦谓之腮。承额与颧之气，应鼻与口之神，而为人面之丰姿。

取其丰满方润，色泽鲜润，故易曰丰其颐吉。亦可以定人之寿命，故礼以百年为期。

颐不宜削薄低陷，暴筋露骨，可以自后望见者，必诈伪无信。即世俗听谓脑后见腮也。

第十五节　颏之相法

颏主富贵之根基，验运限之否泰。在面之下部，可以决人生晚年之祸福。

欲端而方。欲厚而肥。欲朝而拱。欲长而满。不宜狭薄削小。昏黑亏缺。故丰盈者富贵。狭小者贫贱。肥而厚者积衣食。瘦而破者败祖业。

无颏者。一生无根基。万事不成。

第十六节 髩之相法

髩乃一面之丰采，可以定人贤愚也。

取其黑光绀清，齐厚滋润。最忌单薄黄疏。粗枯乱卷。髩深长过命门，为人多贤德。髩重发清，可许发达。髩清眉秀，荣华早就。髩秃眉疏，老年孤贫。髩重发轻，一生有福。髩轻发重，贫贱终身。

古人云：君子无焦髩，小人无硃舌，谅哉。

第十七节 发之相法

头部之发，犹山岳之有草木也。草木贵乎秀，若从杂混浊，则山岳蔽而不明，郁而不清。发亦犹是也。所以发多者不宜短，发少者不宜长。发短，取青光细少者为贵。发重者，取黑长色润为贵。肥人不宜发少，瘦人不宜发重。

粗硬而索者性刚。繁多而臭者迍滞。发际低者愚。发际高者智。顶后发高。其性僻毒。侵眉乱额，多见灾厄。发粗而疏，财食无馀。发枯而燥，忧愁至老。

盖自古无浓发之贵人。亦无秃发之健儿。

第十八节 髭之相法

生于唇上者谓之髭。生于唇下者谓之须。上唇主禄。下唇主官。宁可有禄而无官。不可有官而无禄。有禄无官者。尚主福禄。有官无禄者。定主孤贫。

宜黑而清秀。细柔润泽。髭不盖唇。六亲皆空。髭少须多。东西奔波。蓬乱连口。定主饥寒。

第十九节　须之相法

须生唇下，髯生颏下，如山岳中松柏之象。有光彩而不染尘埃者，发生之兆也。枯索昏暗晦滞者，败亡之征也。

凡人老来福寿祸灾，大抵视乎须之滋润与否。须有多寡之分，长短之殊，以眉之浓疏相配合。多者宜清宜秀，参差不齐为贵，寡者宜健宜润，有情照顾为福。长者忌其飘摇。短者忌其锁喉。锁喉者，谓之秀竹开花。即有满月之相。亦不足取也。

第二十节　胡之相法

生于两颊之上者谓之胡。古来十胡九富。然不宜浓浊蓬乱。欲得依稀见肉为奇。疏者不宜焦黄。毛细欲得清光健聚为佳。

凡髭须胡髯，全而有神色者，非报国之精忠，即兴家之令子。

第二十一节　颈之相法

颈者上扶一首如栋然，下接四体如梁然，挺然兀立，又谓之天柱。

宜方隆光润，丰厚坚实。若侧而小，细而弱，非栋梁之材也。肥人之颈欲短。瘦人之颈欲长。反此者不贫则夭。或太长如鹅，或太短如豕，或大如樱木，或小如酒罂，此皆不令之表也。短而方者福禄。细而长者贫贱。

总之颈为一身之柱。柱若倾欹。其何以承上接下乎。

第二十二节　项之相法

前部曰颈，后部曰项。取其丰而有肉，圆而短厚，与面部相应。故丰起而圆，如燕颔者富贵。薄弱而长，如鹤颈者贫贱。有皮如绦者上寿。有斑而不洁净者多滞。

第二十三节　手之相法

手关乎一身之得失。犹木之有枝干，多节则不材之木。手何独不然。其纹痕犹木之有理也。乱杂则为不善之纹。观五行而审配合，分形局以辨鱼龙。五行不合，则万物不生。形体不称，则家业难成。是观手之法，非取一端而可定矣。

先观其掌之细腻端方，偏削硬薄。次察纹脉血气之根蒂。再揣摩骨肉之平和。量其指之长短。然后看浮筋露节之凶情。究之以其白如玉。其直如簳。其滑如苔。其软如绵为贵。

第二十四节　指之相法

指为龙，掌为虎。只可龙吞虎，不宜虎吞龙。龙骨欲长，虎骨欲短。此谈相者之要旨也。

指有宾主。食指为主，无名指为宾。宾主须相称。

食指主财帛。中指主官禄。无名指主福德。

取其纤长柔密。血润色明。尖如春笋。软如剥葱。不宜秃短硬疏。直如枯材。粗如老竹。

第二十五节　掌之相法

掌最要不露骨，骨露则寒，寒则贫矣。古人云：掌若露骨，六亲无力。此语最确。宜软如绵。润如水。纹如锦。红如硃。热如火。

人瘦掌满。人肥掌厚。人大掌大。人小掌小。人清掌清。人粗掌粗。是谓合相。

若掌大指短。人小掌大。或骨粗筋浮。昏黑交杂。是谓破相。

第二十六节　臂之相法

臂之上段。谓之龙骨。臂之下段。谓之虎骨。龙骨欲长而大。虎骨欲短而小。上壮下细。上长下短。乃龙吞虎之象。主贵。下壮上细。下长上短。乃虎吞龙之象。主贱。

肉欲润而厚。骨欲平而低。不宜骨突而粗。筋浮而散。纹疏而深。肉涩而削。

第二十七节　肩之相法

肩者坚也。坚则可以承物。故宜坚厚而阔。峗峨而峻。

左肩高于右肩。白手成家。右肩高于左肩。大破家私。

肩阔面方。诸事亨通。肩阔臂尖。老无结果。鸢肩者腾达必速。平满者名播四方。坍肩者诸事不成。肩寒者身无居止。

第二十八节　背之相法

背在后方。一身所恃以为庇护者也。观其厚薄，详其丰陷，以定其吉凶，以审其安危。欲厚不欲薄。欲丰不欲陷。欲长不欲短。欲平不欲偏。平阔丰厚。则一身安且吉矣。

若伏龟然，若屏风然，前仰后俯，隆然而起者贵。若背脊成坑，窝深如沟，背凹胸凸，背曲腰直，有骨无胸，皆非善相。

第二十九节　胸之相法

胸藏万事之机，为神之宫室，宜乎其博厚宽平广阔也。广阔者神藏而气壮。浅狭者神露而不安。因其无所容也。故以阔厚平正，血气明朗为贵。最忌凸而狭，偏而侧，薄而短，耸然而起，洼然而倾。

第三十节　乳之相法

乳据心胃之左右。运血脉之英华。观其形。察其色。可以知其子孙之贤愚焉。

欲开而阔，大而正，皮红而头黑，主富贵子贤。狭而细，曲而向下，皮糙而头白，主孤独贫困。乳阔者胸襟开爽。乳狭者志拙见短。乳头大而黑者贤能。乳头小而白者懦弱。盖人之两乳。皆属于阳。宜突然隆起。长而且大。所以显其阳之体质也。

第三十一节　腹之相法

腹之为言伏也。为一身之炉冶。所以包肠胃而化万物也。盖腹于昼夜十二时。循环运化。厥象属阴。能容万物。此所以为伏也。欲圆而长。厚而坚。其势欲下而垂。其皮欲洁而白。其肉欲红而润。不但能使饮食之多藏。且为宽容之之器。传云：大度能容，其斯之谓乎。

第三十二节　脐之相法

脐为筋胍之元。六腑总领之关。取腹之包藏也。

故脐宜以深宽阔大。方正朝上为贵。不宜窄小凸露。尖曲下垂。深阔者智而有福。浅狭者愚而且贫。低者思虑逼。高者无识量。大能容李。名播天下。小而尖凸。贫穷夭绝。

脐含黑痔。名曰含珠。贵不堪言。

第三十三节　腰之相法

腰居七节之间。前通脐。后通肾。上行背脊。下达尾闾。为性命血脉之大关。盖人身最紧要之处也。

内实而外则隆。外美而内自优。肥厚圆润。乃善相也。彼细而狭。薄而侧。乃贫贱之徒。故直而厚者福寿。肥而圆者富贵。袅而曲者淫劣。细而弱者贫夭。

第三十四节　臀之相法

臀乃后成。可以见其兴废。

故少年无臀，破祖离宗，万事难成。老年无臀。妻亡子丧，奔走红尘。瘦人无臀，多学少成。肥人无臀，刷锅洗盆。身长无臀，老无结果。身短无臀，难言发达。

臀开腹大。诸事可成。女子臀尖。必为下贱。

第三十五节　腿之相法

两腿负胸腹之重。支撑其下。须察其能胜载重量与否。而断其吉凶也。

宜肥厚而大。上下相配。不宜瘦削如柴。或长大而扁。盖腿虽肥大。尤须膝圆以配之也。

腿欲有毛。无则犯官刑。以细长软黑为贵。而粗硬且短者。亦主灾凶。

第三十六节　膝之相法

膝为腿之关键。取伸屈之用。乃下体之要路。宜圆肥如覆碗。不宜尖削露骨。故膝圆如斗。主福寿。膝尖小。名为鹤膝。主下贱。膝小无骨。主夭亡。膝上生筋。一世奔走。膝削如柴。老无结果。

第三十七节　足之相法

头圆象天。足方象地。天欲高。地欲厚。土地厚重。则能载万物。而足上载一身。下运百体。非厚且重。将何以全其用乎。

故观足之厚薄偏正妍丑。可以判其贵贱焉。以平正广厚。方长腻软为贵。有纹成字。有痣成形。色润皮滋。可立身矣。最忌窄而薄。横而短。粗而硬。枯而削。收缩无纹。足指宜纤长端齐。足底有毫大贵。多纹大富。大抵贵人之足小而厚。贱人之足薄而大。此不易之理也。

第三十八节　骨之相法

骨节象金石。欲峻不欲横。欲圆不欲粗。瘦者不欲露骨。肥者不欲满骨。骨与肉相称。气与血相应。

骨寒而缩者。不贫则夭。额之左右。有骨直起。为金城骨。印堂有骨。上至天庭。为天性骨。从天庭贯顶。为伏犀骨。皆主贵。面上有骨卓起为颧骨。主权势。颧骨相连入耳。为玉梁骨。主寿考。颧骨入鬓。为驿马骨。骨在左目上者。为日角骨。在右目上者。为月角骨。骨齐耳为将军骨。额前隐隐如两角者。为龙角骨。总之骨欲清而秀。峻而舒。圆而坚。直而应节。紧而不粗。

第三十九节　肉之相法

肉所以生血而藏骨。犹土之生万物而成万物也。丰不欲有馀，瘦不欲不足，有馀则阴胜于阳，不足则阳胜于阴，阴阳相胜是谓一偏之相。

肉贵坚而实直而耸，肉不欲在骨之内，为阴不足，骨不欲生肉之外，为阳有馀盖人肥则气短，马肥则气喘，是以肉不欲多，骨不欲少，肉不欲横，横则性刚而倾，肉不欲缓，缓则性柔而滞，肉宜香而暖，色宜白而润，皮宜细而滑，皆美质也，若昏而枯，黑而臭，肉不居体，皮不包肉，非令相也。

第四十节　下阴之相法

下阴有三窍。精亦其一也。今以相论，乃第就大小二便，阴阳二窍，水谷二道而言之也。

谷道缓而方者贵。水道宽而圆者贱。

大便长而方者贵。速而细者贱。小便如撒珠者贵。直下如篙攒者贱。玉茎耸出者贱。龟头内缩者贵。阴阳逆生者。夫妇不和。

妇人小便如硐泉者贵。如米筛者贱。如漏滴者多病。速则贫。缓则富。

阴毛多者淫而贵。无毛者贱。毛过膝者贵。过谷道者贱。勾者贵。直者贱。顺生者贵。乱生者贱。

欲察阴阳二道。男观其鼻。女观其口。而大小高低。偏斜纹痣。验其上部。即可知其下部矣。

又古人云：龟头有痣人多贵。谷道无毛一世贫。可知隐微之处。而亦不可忽也。

第二章　相之神妙

第一节　坐之相法

古之圣人，席不正不坐，而坐必恭敬将之者，何也，盖坐有关于一身之荣辱也。

故坐欲端正严肃，起欲舒缓，安定静穆，不欲体侧身动，足乱头垂。叠股摇膝。凡此皆不足之相。

坐若泰山者，定非凡品。盘踞如虎，而神气清肃者，必是英豪。身腰挺直，精神满足者，富贵寿康。腰软而坐歪者，主促寿破败，坐处频移。摇身摆膝者，主奔波终身。

第二节　立之相法

坐以舒定为贵，立以端重为要，是故古君子立必方正。

礼不云乎，立容德，是人身之立，亦有德焉，且立者林也。如林木森然，各驻其所，挺然而不斜，兀然而不拔，俨然而不可动摇。故宜全身正直，头正视平，腰肢不欹，两足不跛，不宜身侧体浮，一足骄起，靠案倚门。

第三节　行走之相法

坐属阴，行属阳。坐主静而情动，行主动而情凝。

人之善行者，如舟之遇水，无往而不利也。不善行者，如舟之失水，必有飘泊没溺之患。故贵人之行，如水之流下，而体不动摇。小人之行，如火之炎上，而身轻脚重。

行不欲昂首，而肩不欲侧，腰不欲折，步不欲乱，太卑则曲，太急则暴，太缓则迟，周旋不失其节，进退各中其度者，至贵也。龙行虎步极贵，鹅鸭步极富，蛇行而腰软身曲，主心多毒害，马骤而头颠，主一身劳碌，龟行主寿，鹤步主贵，牛行主富，雀跃主凶，脚跟不著地，主流离他乡，发足欲急。进身欲迟，起步欲阔，俯然而往，毫无碍滞者贵，行步多思，自言自语，一跬一步，一俯一仰者贱。

第四节　言语之相法

言语为祸福之门，故古人作白圭诗以戒之。

贵人之言，言不妄发，发必中节，言不妄陈，陈必有序。是以明达者言顺，刚正者言端。简静者言直。谦恭者言微。执中者言正。虚诳者言繁。躁进者言暴。卤莽者言粗。愚顽者言钝。阴毒者言必含笑。其言泛泛者，终无所成。其言便便者，定不困滞。

凡人之言，贵夫气实而神和也，神和则言有志，气实则言必达。凡与人言，贵乎有信，贵乎有理，语必吉祥，方滋厚福，若谗言易入于耳，邪言轻出诸口，实小人也。

未言而先笑者穷。语低而柔软者，心有所求。语无次序者，心生毒害。言简声洪，和润而婉圆者清贵。妇人发语声沉，缓而不杂者贵。未言先笑者多淫滥。语急声破者贫。言未足而色先变，或言未止而气先绝者，谓之雄雌天罗，非令质也。

第五节　饮食之相法

饮食所以养生，生命系之以存者也。

饮食欲快而不欲留，欲详而不欲暴，啜不欲响，吞不欲鸣，含物不欲语，嚼物不欲怒，举物欲徐而有序，嚼物欲宽而有容，下手欲缓，发口欲急，坐欲端雅。首欲平正。

食急者易肥。食缓者常瘦。食少而肥者性宽，食多而瘦者性乱，仰首含物者贫穷，食如喙者寒贱，敛口食者不义，食而齿露者贫苦，食而淋落者路死。食如鼠者饿夭。食如马者贫人。嚼如牛者福禄。食如羊者尊荣。食如虎者，掌将帅之权。食如猴者，居师相之位。嚼在舌头，一生苦寒，边食迁延，终身穷饿。

第六节　睡眠之相法

睡眠者。休息之期也。

安然而静，恬然不动者福寿。如狗之曲，如龙之蟠者，富贵。睡而神清气静，易醒易觉者，聪明多慧。贪睡而难醒难觉者，愚顽无智。气出于耳，如龟息者，贵而寿。卧而多言，轻摇不安息者，贫而贱。卧气调匀，喘息恬然者，寿而吉。开眼开口，高声狂叫者，定遭恶死。卧中气吼者，愚而夭。出气多，入气少者，短命不禄。挺尸睡者贫夭。合而覆卧者饿死。就床便困者愚浊。侧卧者吉。病人伏卧者吉。常人不败即死。睡时口流涎沫者刑苦。手常摩弄阳者，一世懒穷。覆身张口，两手捧面，身曲如虾，懒怠好睡。皆下贱之辈。

生动如龙之蟠。安泰如虎之踞。气息氤氲，手如攀物。而一觉连宵者，乃福寿上贵之相也。

且睡中多态，有似慕者。有似笑者，有似醉者，有似善者，有似福者。有似威仪者，皆为吉兆。有似愁者，有似怒者，有似恶者，有似病者，有似死者，有似哭泣者，凶不可言。

第七节　欢笑之相法

笑者必有所喜。喜则中心一种快愉之象，遂粲然现于面而不自觉也。

然而人情多伪，喜乐不常，忌人之贤能，则一笑以鄙薄之。利人之祸患，则一笑以欣幸之。恶人之不利于已，则反施嘻笑以恰悦之。甚或中怀忿怒，而嗢噱交闻。满腔忧愁，而轩渠不已。直欲以一笑掩其隐私之过恶。不知情出于伪。岂能造吉祥之福哉。故笑须开口大响。不宜闭口无音。如凤之鸣。和而有馀韵者富贵。如马之嘶。如猴之叫。如鸱之啼者贫贱。冷笑者多谋足智。藏情者一世奸贫。

第八节　哭泣之相法

哭泣之感动人心，恒较欢笑为更切。人或闻笑声，有以为无足笑者。而一闻哭泣之哀，则未有不刺激神筋，动其悯怜之心者也。

凡人闻笑则喜，闻哭则悲，其情使之然耳。然则笑有伪饰，而哭殆未可以假借乎。是又不然，掩面嘤嘤，无泪而声容不变，捉鼻号号。不哀而言语如诉，观其形，聆其声，即知其为虚伪矣。故哭泣发乎悲哀，方见真情。呜呜咽咽，其声凄惨，其泪如雨者，性厚诚实。拍手搥胸，声如破锣，带哭带言，滔滔不绝者，贫贱终身。常悲而善哭者，困苦不寿。无泪而开眼者，凶多吉少。

第九节　心性之相法

夫人之心，儒曰灵台。释曰灵山，道曰灵关，放之则弥六合。卷之则退藏于密，大可以包天地，小可以入刹尘，可集造化而超圣凡，可入鸿蒙而归溟漠。可处卑污而荣尊贵。可居幽暗而极高明，可以突尔灵通，可以逃避轮回。要皆心役性，性役神，神役意也，心有形也，性无形也，心为性之舍，性为心之枢，性无心不存，心无性不用。心统四端而兼万善，性在其中矣。性随心中之神，妙合而凝，感触而通，此喜怒哀乐爱欲之所由生焉。

是故冰心赤胆，为国忘家者，忠良之性也。甘旨承欢，无违亲心者，纯孝之性也。救急济困，不惧不忧者，豪杰之性也。淡泊明志，洁身自守者，高士之性也。方正之性，知耻识礼，端厚之性。宽恕谦和，勇敢之性，不辞劳瘁，慈蔼之性。常怀利济，至若好敛货财，不顾义利，谓之贪吝之性。一知半解，妄自尊大，谓之傲慢之性。巧言诈行，曲意逢迎，谓之奸佞之性。外貌刚愎，内怀叵测，谓之狠厉之性。执滞不通者，偏僻之性。伦常罔顾者，悖逆之性。

性现于外，而心存乎中，是性之善恶，皆心有以造成之也。孔子曰：性相近也，习相远也，大哉言乎。故论性者，必以正心为先。

第十节　形貌之相法

人禀阴阳之气，肖天地之形，受五行之资，而为万物之灵者也。万物莫不具五行，则人形亦何独不然。

金形人以端方为主。凡耳。额。面。鼻。口。颐。腰。背。身。手。腹。足。皆色白端方，神清气正，紫气盈面者，为真金形也。

木形人以瘦直为主，凡头面骨瘦，鼻修直，目细长，手指细而多纹，须发皆清，肩背挺直，色清气秀者，为真木形也。

水形人以肥圆为主，凡肉重骨轻，头面身手耳目口鼻，皆肥圆，色清而神静者。为真水形也。

火形人以红活为主，凡头长而尖，鼻目口齿俱露，耳高尖反，须发微赤，声音焦裂，性急躁暴。色鲜红活，神气筋骨皆露者，为真火形也。

土形人以厚重为主，凡骨重肉实，头面厚大，鼻准丰隆，口阔唇厚，颐丰声重，腰背如龟，手足皆厚，色喜明黄，气魄广大者，为真土形也。凡人若五行成体，五音合格，则富贵寿考，可安享矣。

第十一节　声音之相法

天地有风雷之声，山岳有泉水之声，河海有波涛之声，人有上中下丹田之声，以下丹田为上，中丹田次之，上丹田为下。

其出于下丹田者，根深表重，和而声润，远而圆畅，聪明秀达，富贵中人也。出于中丹田者，根浅表微，轻重不均，嘹亮无节，主有成有败，先富后贫，或先贫后富也。其出于上丹田者，发于舌端，急促不和，干湿不齐，震而鸣，焦而破，则劳苦贫贱之人也。

清而圆，坚而喨，缓而烈，急而和，大如龙吟虎啸，洪钟腾韵，鼍鼓振音，小如涧水飞鸣，琴徽奏曲，或如甕中之响，浩瀚之韵，或如笙簧之音，填篪之声，或人小声洪，五行合音，皆主富贵福寿。

急而嘶，缓而涩，深而滞，浅而燥，大而散，散则破，如破锣之声，败鼓之鸣，或如寒鸦哺雏，鹅雁哽咽，病猿求侣，孤鸿失群，细如黄蜂嗡嗡，青蝇营营。狂如秋蝉晚噪，蚯蚓夜吟。或如犬之吠，如羊之哀，如牛之牟。或男女颠倒，身大声小，皆主刑克贫夭。

盖声音为相理中一大关键，最为紧要，审辨周详，庶得其真，不然，何以闻声而识其祸福哉。

第十二节　器量之相法

天地一大器耳，荡荡无涯，寥廓无际，天地之量也。覆载万物，包涵万象，故能成其大。人生天地之间，亦一器也。

有器之名，而能超乎器之外者，君子也。肫肫其仁，渊渊其渊，浩浩其天，此言其器量之未易窥也。

然人之器量，由气质而成，未免有所偏倚，苟能陶镕情性，则器量自大，器量大，则事物能容，事物容，则诸恶不作，诸恶不作，则身心安泰，身心安态，则百福骈臻，家有馀庆矣。

今夫有大人之量，能容奸邪，而不能容刚直，文人之量。能容万卷，而不能容一言，豪富之量。能贮万镪，而不能让一人，才人之量。能筹万全，而不能认一过，甚有贫穷戚族，不以礼相接，鳏寡孤独，不以义相卹。奴仆小过，任意苛责，偶然得志，气概昂昂，此则器如斗筲，量如梧棬者，不足数也。然则欲其器量宽大，不亦忧忧乎难哉。不知宽洪大度，须从忍字入手。古今来多少豪杰，能忍能让，而后能成其事业。书曰：满招损，谦受益。易曰：谦谦君子，卑以自牧。于此可以知所由矣。

第十三节　气色之相法

气色有天机自动之妙，未可以强求者也。盖五脏六腑之馀精，发而为色，郁而为气，藏之于骨骼，吐之于声，音见之于纹理。

气须辨其化源，色须察其神采，分而言之，气在皮里，色在皮外，气不和煖，不可谓之气。不和煖则气散矣，色无光，不可谓之色。无光则色虚矣。合而言之，色为苗。气为根，有色而无气者。为浮光。不为气色，有气而无色者，为明亮，不为气色，油光而滑黵者，为油垢，亦不为气色。气色朝现于面部，暮归于肺腑。

气有六，而以色证其祸福，一青龙之气，其色如绛缯蚕明，主官禄富贵，一勾陈之气，其色如黑风吹云，主败业流离。一玄武之气，其色如朝烟和雾，主恶梦死亡。一朱雀之气，其色如晓霞映水，主口舌官灾。一螣蛇之气，其色如草木将灰。主盗贼火灾。一白虎之气，其色如凝脂塗油，主病符孝服。六气之中，以勾陈玄武为最凶。

色有五，而以气明其吉凶。青色而气如翠羽者吉，如蓝靛者凶。赤色而气如鸡冠者吉，如鲜血者凶。白色而气如猪骨者吉，如枯骨者凶。黑色而气如乌羽者吉，如烟煤者凶。黄色而气如鹅雏者吉。如败叶者凶。

总之气色有动有守，有散有聚，有变有成，有害有利，有寒滞，有滑豔，有光浮，即精斯业者。苟不细探其本源，精审其玄微，鲜有不失者也。

第十四节　精神之相法

形以养血，血以养气，气以养神。神者骨间之秀气也。精充于内，形显于外，精神澄澈，如止水之涧，惊之不惧，瞬之不动，此之谓神全精实。

神气飘逸，自神仙中来。眼媚神和，自修行中来。神怒有威，自精灵中来。如豪鹰搏兔，百鸟皆惊，猛虎出林。群兽自伏，或远视如五星之明。光芒不动者，上也。用则张，收则藏，左顾右盼，机行万里，凝然不动者，次也。或光行上，或光流下，鹰视鹗瞻，睹物如射，又其次也。

神先怒而后和媚，初难交而后相得。先和媚而久似怒，初相投而久见疏，乍见有威，久无光彩，则先有施为，后无结果也。初见似昏，久转精神，则暂处贫穷，终当富贵也。神清心正，神浊心恶，太清曰孤，太浊曰愚。形有馀而神不足者富，神有馀而形不足者贵。形神俱妙，富贵全矣。

眼光清莹，顾盼不斜，容色澄澈，举止汪洋，远视如秋月之照霜天。近瞩似和风之动春花，临事刚毅，如猛兽之涉深山。光彩迢遥，如丹凤之翔云路，喜怒不动其心，荣辱不易其操，此所谓神有馀也。有馀则凶灾不入其身，而永保福禄矣。

若奸淫之目，其神荡然。奸贪之目，其神邪偏。夭寿之目，其神难睫。横死之目，其神流牵。不醉之醉常如醒，不愁之愁常如戚。不畏之畏常如怖，不哭之哭常如涕，形容昏浊，神气凄怆，失志漂泊，恍惚仓皇，语言羞涩，情似隐藏，此所谓神不足也。不足则诸事蹭蹬。凶神躔其身矣。

然神精之变迁，有因天时之寒暑，相侵而更，有因水土之清浊厚薄燥湿，相错而移。有因人事之喜怒哀乐，相逼而改，推之气色亦然，是不可以不辨。

第十五节　态度之相法

情态者神之馀，常佐神之不足。相人者久注则观其精神，乍见则视其态度。

举止大方，的是大家气概。行藏羞涩，决为寒微情形。故人之态度，一动一静，一进一退，可以辨其贵贱也。

态有贵重态、从容态、轻浮态、弱态、狂态、疏懒态、周旋态。器量阔大，形体敦厚，如万斛之舟，驾于巨浪之中，撼之不颠，引之不来，此贵重态也。形体端方，器宇显昂，举止合度，动静中节，此从容态也。规模浅狭，面上气色，精神俱露，口言而身手皆动，眼光流离，思而无定，行步轻跳，坐立偏斜，此轻浮态也。形如飞鸟依人，情致婉别，此弱态也。不衫不履，旁若无人，此狂态也。坐立自如，问答随意，此疏懒态也。饰其巾袜，不苟言笑，察言观色，趋吉避凶，此周旋态也。要皆根于情而来，初非可以矫枉者也。

第十六节　皮血之相法

皮附于肉，即所以护肉。血充于肉，即所以养肉。人无皮血，何以生存。且欲验人之气色，必先察其皮血，盖皮为色之表，血为气之本，皮不滑则色不明，血不旺则气不足，皮滑血旺。而后气色可定矣。

皮之洁白者，以细滑为贵，粗糙者贱。皮之黧黑者，以厚泽为贵，昏薄者贱。皮之紫赤者，以清润为贵，粗浊者贱。

血必须明旺，无论男女，血色明旺，可许富贵寿考。若昏暗在内为滞，黑赤在外为浊，滞者浊者，必主贫穷下贱，血白如粉，而其色不华者，主一世多蹇。

第十七节　毛毫之相法

粗而硬者，谓之毛。细而软者，谓之毫。然论人之毛毫，总以细泽柔软为贵，粗硬之毛。不拘生于何处。皆主贱。

细软之毫，生于腿足之上者，非寻常之流。脐下谷道，俱有毛者，主一身不招阴病，康健无灾。胸上生毛，主人性惰急躁。背上生毛，主人一世劳苦。乳上生毛，仅有二三根者，必生贵子。若多如乱草者，反为无子之相。眉中长毫，生于老年者主寿。手指生毛亦佳。

第十八节　斑痣之相法

人之有斑痣，犹玉之有瑕玷，是以吉者常少，凶者常多。

其质美则身痣奇异，以彰其善，质浊则生痣恶浊以表其贱，凡大而无色者为靥，或大或小，不起而无色者，谓之污，非痣也。

痣须莹圆如珠，黑者如漆。红者如硃，美质也。带赤色者主口舌，带白色者主忧惊，带黄色者主遗脱。

凡痣生于显处者多凶，生于隐处者多吉。故面部黑痣，吉者。七星五星，左富右贵。左眉中主贵，右眉中主富。耳轮主慧，耳珠主孝，人中主寿，印堂中间主大富大贵。其馀则有凶而无吉也。

生发中者富贵，耳内主寿，口中多酒食，舌上主虚言，两手掌主富贵，两手臂主生财，两腿上主驱使奴婢，两腿后主福德旺相，两曲膝后主牛马六畜，两膝骨上主得名威势，两膝头上主积蓄财帛，两足臁骨上主奔波劳苦，两足底主封侯伯，两乳当心主寿福而安乐，脐中名曰含珠，主福慧而多贵子，脐下主少贵，腰中主远出，两肩上主贫苦，两肩前主好淫，两肩后主有财谷。

面上多斑点，少年不吉，老年为寿。斑有黑点而不成痣者，谓之雀卵斑，其断法与痣相同，而其应事则浅矣。

第十九节　纹理之相法

人之纹理，可定吉凶，以奇异舒畅，莹煖明润为吉。以破碎横逆，暗黑干枯为凶。

三三纹偃上者，名曰偃月纹。田字纹偃上一纹直者，名曰悬针纹，均主贵。王字纹主大贵，惟四边无有纹侵破方准。印堂上二咏直上三寸者，名曰鹤足纹，主富贵。短者为杀纹。三三横纹绕者主早丧父，短乱者凶。两头垂下名曰华盖纹，主孤。一字纹横而曲者，名曰蛇行纹，主客死道路。井字纹，主贵而妨妻。川字纹，主忧虑刑厄。从眉根起者多忧，十字纹主富而吉，山字纹主贵而乐。额上乱纹交差者，主贫苦多灾。鼻上勾纹，主老而贫独。八字纹在眉心，主刑克。螣蛇纹入口中，主饿死。眼角鱼尾纹上拂，主福寿。舌上有纵横秀纹主富贵。此面部之纹理也。

掌纹深而细者吉，浅而粗者凶。纵理多者性乱而灾。横理多者性愚而贱。

竖理直贯上指者，百谋皆遂。乱理散出指缝者。百事破败。纹如乱锉者，一世贫苦。纹如撒糠者，一生快乐。有穿钱纹，串钱纹者，主进资。有端笏纹，指笏纹者，主大官。十指上俱有旋螺纹者，荣贵。箒泻如筐，箒者破败。十指上横三钩纹者，贵使奴婢，横一剑纹者，贱被驱使。有龟纹鱼纹者，大贵。有偃月纹，车轮纹者吉庆。有印纹者贵。有田纹者富。有井纹者福。有十字纹者禄。有结关者凶逆而妒害，有变乂纹者，下贱而窃盗。

手背纹，而贵乎周匝。若断绝不匝，非贵品也。五指之背有龙纹者大贵巨富。有横纹旋绕，或竖理直贯者主侯相。食指之背，有井字纹，或飞禽字体者，主清显。大指有横纹，谓之空谷纹，主大富。有绕碗纹，周旋不断者，谓之玉川纹。主为人敬爱，一纹二纹者，主朝暮之荣。三纹以上者，主朝列之贵。

阴骘纹，主积阴德事，纹理放光，纹外有红黄紫气，盘绕不散。损阴鹭纹，主害阴德事，纹中黑气冲出，纹外昏郁而惨，凄淡而明。此二纹不常现。现必有验。每发现于眼下。及掌中者为多。他如凶纹化吉者。螣蛇生角，悬针转脚之类是也。吉纹变凶者。卧蚕冲破。山川破印之类是也。

盖容貌原有定局，而纹理变幻不一。每因人事之善恶，变更其吉凶，由是观之，人岂可不知所戒哉。

第二十节　流运之相法

流年气运，可于人面上定之。男以面部之左为始，女以面部之右为始。周围轮环。以百岁为止。

一岁至七岁在左耳，八岁至十四岁在右耳。为耳运。十五、十六、十九、二十二。直列于额之正中。十七、二十、二十三、二十九、二十六。于次横排于额部之左。十八、二十一、二十四、三十、二十七。依次横排于额部之右，是为额运。二十五、二十八、在两眉之中间，是为印堂运。三十一在左眉起角，三十二在右眉起角，三十三在左眉中部，三十四在右眉中部，是为眉运。三十五、三十七、三十九、横排于左眼之上。三十六、三十八、四十。横排于右眼之上，四十二在左眼上角，四十三在右眼上角，是为眼运。四十一、四十四、四十五、四十八。直列鼻部之上，四十九在鼻头左孔上，五十在鼻头右孔上，是为鼻运。四十六在左颧，四十七在右颧，是为颧运。五十一居人中，五十二、五十四、五十六，依次排于左唇，五十三、五十五、五十七，依次排于右唇，是为上唇运。五十八在左颧之下，五十九在右颧之下，是为颧尾运。六十居口，为口运。六十一在唇下之中间，六十四、六十六排于左口角下。六十七、六十五，排于右口角下。七十与七十一，并排于头部之中。六十二、七十二排于左。六十三、七十三排于右，是为颏运。六十八在左颐之上，六十九在右颐之上，七十四居左颐，七十五在右颐，是为颐运。七十六、七十七在颏。七十八、七十九，右颏旁。八十、八十一右耳之根旁。八十二、八十三。右髻之下旁。八十四、八十五、右髻之上旁。八十六、八十七、右额角旁。八十八、八十九、居额正中发际之下。九十、九十一、左额角旁。九十二、九十三。在左髻之上旁。九十四、九十五。左髻之下旁。九十六、九十七，左耳之根旁。九十八、九十九，左颏旁。此流年之定于面部者也。

第二十一节　八大八小之相法

八大者。眼大、鼻大、口大、耳大、头大、声大、面大、身大是也。眼大精神要秀。鼻大梁柱要高。口大两角要朝。耳大轮廓要分。头大额骨要耸。声大音韵要清。面大城廓要明。身大上下相配，是谓八大全相。

若眼虽大，昏且浊。鼻虽大，梁柱弱。口虽大，垂两角。耳虽大，门孔薄。头虽大，骨无著。声虽大，破且悲。面虽大，尘且翳。身虽大，举止危。是谓八大破相。

诀曰：八大相真，富贵中人，神旺气充，掌握经纶。

八小者。眼小、鼻小、口小、耳小、额小、声小、面小、身小。是也。眼虽小，秀且长。鼻虽小，有柱梁。口虽小，棱且方。耳虽小，坚而光。额虽小，角分张。声虽小，韵宫商。面虽小，貌堂堂。身虽小。端而庄。是谓八小全相。

诀曰：八小皆全，富贵绵绵，若不配合，贫苦堪怜。

第二十二节　五合五露之相法

五合者，骨正直而有阴阳也。正直而有刚柔，是为天地相合也。视瞻稳而声音清，体貌重而行步轻，是谓天官相合也。气温粹而有光华，色洁净而无瑕疵，是谓天心相合也。智识大而权亦重，度量宏而事随应，是谓天机相合也。敬上下而怀忠厚，爱朋友而守信义，是谓天伦相合也。诀曰：人得五合。机功多博。子孙昌隆。自已安乐。

五露者，眼凸、鼻仰、耳反、唇掀、喉结是也。眼凸者主促寿。鼻仰者主路死。耳反者主无知识。唇掀者，主恶亡。结喉者主贫薄。然五者俱全之人，则反得富贵矣。诀曰：一露二露，有衫无裤。五露俱全，福禄绵绵。

第二十三节　五长五短之相法

五长者，头长面长身长手长足长是也。五者俱长，而骨貌丰隆，清秀滋润者，善也。若骨气枯槁，经脉并露，虽得五长，反为贱恶之辈。或足长手短者，必主贫贱。而足短手长，则主富且贵矣。诀曰：五者俱长，辅佐君王，手短身长，一身不爽。

五短者，头短面短身短手短足短是也。五者俱短，而骨肉细滑，印堂明润，五岳朝拱者，乃大贵之相也。若骨肉粗恶，五岳倾陷，虽得五短，终为下贱之人。上长下短，主财禄双全。上短下长，主困穷灾殃。诀曰：五短如童，骨细肉丰，口鼻朝拱，食禄万钟。

第二十四节　六恶六贱之相法

六恶者。一曰羊眼直视，主性不仁。二曰唇不掩齿，主性不和。三曰结喉，主妻子多招灾厄。四曰头小，主贫下无禄。五曰三停不等，主贱而贫。六曰蛇行雀跃，主奔波劳苦。凡有此六恶者，皆不可与同处矣。诀曰：形成六恶，心复蝎毒，不为下贱，定是屠剥。

六贱者。无羞恶心为一贱。遇事痴笑为二贱。不明进退为三贱。喜形人短为四贱。自夸己能为五贱。附人言语为六贱。凡此六贱，皆小人也。诀曰：六贱之中，皆非豪雄，行为如此，安得亨通。

第二十五节　十杀十空之相法

十杀者。面形如醉者为一杀。无人而言者为二杀。无痰常吐者为三杀。眼射红光者为四杀。精神混浊者为五杀。声如豺狼者为六杀。有须无髭者为七杀。食物出汗者为八杀。鹭鸶鼻仰者为九杀。腋下狐臭者为十杀。必主破败凶灾也。诀曰：十杀难当，心性虎狼，不受穷苦，定遭凶亡。

十空者，即面部十大空亡也。一曰额尖为天空，主官贵无分，宜业难推，刑克孤苦，少年不利。二曰颏尖为地空，主晚岁孤寒，夫妻隔角，六亲冷淡，作事少成。三曰鼻孔仰露，为人空。主中年必败，老年辛苦，子不得力，碌碌无成。四曰山根低陷为一空。主六亲无力，骨肉无脩，兄弟隔角，妻子不合。五曰有髯无须为一空。主行为劳力，十谋九空，朋友少情，有妻无子。六曰面无城廓为一空。上先有后无，作事少成，虚花无寿，祖业难招。七曰发短如拳为一空。主秉性刚强，儿女多克，不敬于亲，不忠于上。八曰泪堂深坑为一空。主刑妻克子，一生辛苦，心肠狼狈，做事勾绞。九曰眼无神光为一空。主寿命夭折，心性不灵，儿女无缘，兄弟路人。十曰寿骨无眉为一空。主独断独行，无兄无弟，寿虽坚耐，至老无依。犯此十大空亡者，最可怜也。诀曰：空亡空亡，真箇可伤，有此刑相，那得不慌。

第二十六节　十大天罗之相法

十大天罗者。一曰满面黑气四起者，谓之死气天罗。二曰满面白色起者，谓之哭丧天罗。三曰面上青色起者，谓之忧滞天罗。四曰面上黄色起者，谓之疾病天罗。五曰面上如脂膏涂抹者，谓之虚花天罗。六曰眼光流而视急者，谓之奸淫天罗。七曰面色焦如火者，谓之官司天罗。八曰面色如醉未醒者，谓之刑狱天罗。九曰娇声带妇人态者，谓之孤刑天罗。十曰鼻头斑点如尘者，谓之退败天罗。诀曰：天罗天罗，事事著磨，非关愚拙，其如相何。

第三章 男子相法

第一节 厚福之相

头大额阔，面端颏丰，眉高耳大，眼有神光，鼻峻口方，手清足重，背厚腰圆。精神饱满而不溢，气色明净而无痕，声音和圆而不散，器量持重而不呆。是为五福俱全。

第二节 长寿之相

神粹骨清，肉坚皮厚，气足声洪，背如龟伏，鹤形龟步，髭须相称，笏纹仰露，额上颧起。颏宽眉生长毛，耳珠长垂贴肉。项垂双绦，耳内生毫。口红而方，腹大如囊，人中深长。阳不浮。阴不腻。寿命直与彭祖齐。

第三节 巨富之相

形厚神安，气清声扬。项大额隆，眼明眉阔，耳厚唇红，鼻整面方，颈圆颏丰。背如负甲，腹如垂箕。腰正胸宽，口似四字，齿如榴子。虎口牛齿，鹅行鸭步。此之谓巨富。

第四节 大贵之相

精神澄澈，气色温和。骨格清隆，皮肉细滑。行似浮云，坐若巨石。眼似曙星，颧如悬壁。鼻梁峻起，舌有长理。双眉入鬓，双耳耸峙。对面看耳，咫尺不见。口丹而仰，眉秀有彩，手足龙虎俱应。此之谓大贵。

第五节　早达之相

人生之少年运，在耳与额。故欲察其早年发达，须先观其耳，次观其额，以耳额为主，以馀部为宾，主宾相称，不相混碍，斯可矣。耳轮耸起，郭珠分明，高过于眉。额耸而阔，日月角峙，必主少年得志。

第六节　聪明之相

人之心灵，常流露于两目之中，而不自觉也。故聪明者，眼必长而秀，或圆而清，要皆炯炯有光，异于常目。额必丰峻。眉必细长。手指必纤而尖。以此推决。百无一失。

第七节　博学之相

面多紫气而肉秀，齿似莹玉而骨秀，眉清髩翠而血秀，声清音远而气秀。目若悬星之明，气若紫霞之祥。耳白轮红，心舌红如喷火，五质内充，五精外彰。动静舒徐有致。举止彬彬大雅。此饱尝诗卷之气者也。

第八节　敏捷之相

额高口方，耳白唇红。精神活泼异常，心机真如锦绣。手指白而嫩尖，掌中多明细之纹。或成鸟兽之形，或成花木之形。

第九节　机警之相

身体短小精干，额高而方，眉目流离，跃跃欲语。鼻锐而有节，口小而仰朝。言语伶俐，行坐便捷。

亦或有身体肥胖，额大面削，言语缓而似滞，声音和中带刚。

第十节 厚重之相

体貌敦厚，举止舒徐，额大耳厚。眉修浓，眼有神。鼻大口方，手长足重。

其声音如深山中古寺之钟，听之而有馀韵。其器量如沧海中万斛之舟，播之而不能动。

第十一节 威仪之相

尊严可畏谓之威，主权势也。如飞鹰搏兔，而百鸟自伏。如山虎出林，而众兽自慑。精神严肃，气色凝重，声音沉著，器量深邃，所谓望之俨然，即之也温者也。

第十二节 猛烈之相

猛烈亦取乎威，然与威仪者不同。额突而润，鼻高而锐。眉阔而带厉气，目圆而射神光。

颧高入于鬓际。其神色多严厉而少和怡。其声音必响亮而兼坚重。

第十三节 清秀之相

清秀者，精神清澈谓之清，气色秀美谓之秀。其氤氲如桂林一枝，其洁净如昆仑片玉。眉目间常存和媚可亲，皎皎可爱之气概，此之谓清秀之相。

第十四节 豪爽之相

形貌端正，举动爽直，心性和平，言语简略。气色和而待人好施，精神足而作事敏捷。凡此类人，毫无扭扭捏捏之态。

第十五节　孝悌之相

神和肤嫩，眉顺顶平。发丝而黑，眼秀而清。进退尽告面之礼，出入有关切之情。甘旨奉养，其乐融融。长幼爱敬，其乐恰恰。不贻二老之羞，不图一己之私。

第十六节　忠义之相

发秀胸平，睛凸神正，齿方而密，唇厚而红，燕眼牛鼻，腰厚腹圆，言出有序，视平而和，常有汪洋之度，其人多致忠义。

第十七节　隐逸之相

其神如春花烂熳，秋月皎洁，潇洒俊雅，飘然绝尘。其形则山林骨耸，头骨宽横，貌无愁容，手无多纹。其眼则黑多白少瞳方。其气则飘逸如红云紫电。其色则仓库润泽，印堂黄明。

第十八节　古怪之相

头顶平而有四角，额纹奇而日月耸，貌异形殊，神清色厚。骨格棱棱，若松柏之盘节。颤势巍巍，如山岳之奇峰。鼻峻而巨，口方而阔，颐丰而扁，颏宽而朝。此之谓古怪。然古而不清，则近于俗矣。

第十九节　晚遇之相

头额高耸，盖于两耳。眉浓绀翠，盖于两目。山根低陷，耳珠朝口。耳为江，口为海，名为明珠人海。又为江汉朝宗于海之象。耳额鼻口，朝拱地阁，名为五星朝北斗。皆合苍古之秀，故至晚岁而遇。

第二十节　交运之相

人生之运，有一定之部位，分列于面上。古人云：少年看两耳，中年看眉目，晚年看颐颏，此其大略也。譬如三十五岁至四十岁，方交眼运。其时眼神澄澈，气色红旺，是交运之相，馀类推。

第二十一节　造家之相

面起重城，五拱六满，鼻准圆收，眉紧细彩，仓库四丰，三光五泽，耳珠朝口。额方面方，颐方体方，是为四方。头端鼻端目端面端口端，是为五端。或成八大八小，五长五短五小之格，必主白手兴家。

第二十二节　令终之相

骨格清雅，卧蚕红黄。血润神安，眉毫细长。面多喜气，声音和雅。不喜之喜，其喜常在。手足细腻，器量宽和。精神不露，稳厚端重。方正公平，好行善德。

第二十三节　僧道之相

僧道皆犯孤独之相，馀与常人同断。然既为僧道，无非欲修成善果。苟能虔心皈依，率真修养，名利付之流水，富贵视同浮云。所谓无声无形，无臭味，无色相者，又何可以相云乎。

第二十四节　忤逆之相

有自父母养成气质，而忤逆者。亦有形貌性气，生成忤逆者。如胸高臂骄，发黄须逆，咬牙切齿，努目摇头，俱是无伦之辈。凡怕妻顺妻者，亦未有不忤逆也。

第二十五节　高傲之相

眼凸而视高，睛赤而光露。唇掀齿露，观反肉横。言语则虚诈自诈，举止则旁若无人。精神则似实而不实，气色则似祥而非祥，若而人者，恶得有厚福哉。

第二十六节　薄弱之相

体貌劣弱，形轻气怯。五官委靡，四肢不振。气色昏而极暗，精神露而不藏。如一叶之舟，而摇荡于重波之上，见者一望而知其微薄矣。

第二十七节　愚笨之相

神昏气昧，面骨横粗，发际低压，髩重眉浓，刑浊印促，眼大无光，睛转而缓，鼻大无肉，手指粗硬。言语则有声无音，态度则滞呆不活。是必愚而且懒者也。

第二十八节　孤独之相

形骨孤寒，神气薄弱。面如菩萨，满眼泪痕。目如猪羊，白多黑少。卧蚕枯槁。口如囊缩，唇无纹理。鼻尖而三折。颧低而两凹。颏下露骨，有始无终。其坐如摇，其行如攫。譬诸水涯之独鹤，雨中之鹭鸶，而生成孤独者也。

第二十九节　贫贱之相

头小额窄，耳薄皮粗，口小肉缓。形俗神怯，气浊声破。腰折背薄，脚长肩促。其食也似鼠，其行也似蛇。凡此皆贫贱相之大略也。

古诗云：耳薄精神浊。额高鼠腹尖。聚口如吹火。贫贱讨人嫌。

第三十节　奸滑之相

睛陷鼻高，准尖齿齙。气质不正，神色屡变。或耳耸腮尖，髭须逆竖。或鼻曲面薄，头陷目深。或眼常反顾，骨反肉横。心性隐忍，无情无义，言语则反覆无常。

第三十一节　险毒之相

眼有二角，心上生毛，视卑下而居心恶。或睛黄肉流，怒中带笑。或蠭目豺声，暗里伤人。喜阴谋而施诡计，竞机诈而造伪术。坏心损德，莫此为甚。

第三十二节　妒忌之相

因人之有善而妒忌之者，是自失其人格也。人有善德，方且爱之敬之，则而效之而不暇。又恶用妒忌为。而乃妒之忌之，其人必狼顾鹰鼻，出言伤人者也。

第三十三节　偏僻之相

偏僻者，眉竖声硬，面薄肉少，其处事则执一不化，其心志则刚愎自用。彼以为世浊我清，世醉我醒，吾行吾素，而孰知偏固不通，经权下达，有违乎世道人心者。

第三十四节　鄙吝之相

传曰：肉食者鄙，又曰勿骄勿吝，是第就富贵者而言之也。然人生节俭，固为美德，而切不可谎于鄙吝。鄙吝之人，形体狭隘，行为刻薄，鼻尖如笥，眼常带笑。

第三十五节　凶恶之相

性暴神粗，骨伤节破，额如破瓜，眉如巨剑，眼凹而睛如火轮，鼻尖而准如鹰嘴，耳薄颧反，唇不掩齿，发短如拳，须硬如针，胸深如槽，视急而斜，声厉而破。

第三十六节　俗浊之相

头面扁圆，口鼻臃肿，此形浊也，两目昏耗，常如醉眠，此神浊也。皮肤粗黑，如染尘埃，此色浊也。言语模糊，迟而低混，此声浊也。礼义不明，事理不达，此心浊也。

第三十七节　贪利之相

额窄而峻，鼻尖而锐，面薄形狭。眼小而视高，口角紧而下垂，颧骨臃而不坚。颐削颏尖。发疏须浓，心阴险而行刻薄。其步也如狼，其视也如鼠。

第三十八节　好色之相

淫为万恶之首，犯之者，鲜有不丧身而破家也。况色如利刃，耗消人之精力，消断人之生命，可不知所戒哉。是故欲察人之好色，但就眼如注水，面带桃花。外貌华丽，心好奢侈，而自明矣。

第三十九节　多病之相

病生于内，发乎外。欲验其病厄，须看山根，实确乎不可移也。多病者，山根常现青色，昏暗而有横纹。额枯面黄，眉色干焦，准头紫黑，形削而弱，行走无力。

第四十节　破家之相

泪堂深黑，鼻似灶门。或鼻有三曲，耳薄向前，或两耳张风，或耳黑如花。口如撮聚，容如哭形，声如破锣，或如鸦声，行动则头偏身斜，言语则掀唇露齿。

第四十一节　克父母之相

日月角为父母宫，若高明则父母康健，低陷则早失双亲，昏暗则父母有疾。日角低塌，寒毛丛生克父。月角破坏克母。左角偏妨父，右角偏妨母。额左偏妨父，右偏损母。鼻偏左先克父，鼻偏右先克母。上唇长者，先妨父。下唇长者，先妨母，左额先露者先刑父，右颧先露者先刑母。左眉旋者父先克，右眉旋者母早伤。右眉高左眉低，先克父。左眉高右眉低，先克母。人中偏左者损父，偏右者损母。凡手背黄，指甲黑，手掌黄，皆丧父母之兆。

第四十二节　克兄弟之相

兄弟宫在两眉，左为罗睺，右为计都。宜丰蔚不宜缺陷，罗睺主兄，计都主弟。故左眉缺陷克兄，右眉缺陷克弟。秀长则兄弟和睦，短促则兄弟分离。眉有旋毛，则兄弟众多。狼性不常，两样眉毛，定然异母。眉中断路者，主兄弟远去。眉毛逆生者，兄弟仇害。眉毛逆竖者，兄弟隔角。反覆逆生不丰者，兄弟凶灾，亦主不和。眉中有断纹者，为六害眉，定妨兄弟。

第四十三节　克妻之相

妻妾宫者，鱼尾奸门之位也。奸门枯陷，或纹玷重叠，青气惨暗，黑痣斑痕。恶玷乱侵，眉压奸门，眉棱骨粗，亦压奸门，印堂双纹，山根细小，鱼尾乱纹俱克妻。

第四十四节　克子之相

男女宫在眼下，卧蚕之位。左为三阳，右为三阴。左枯损男，右枯损女。奸门大陷，卧蚕乱纹，颧骨粗露，卧蚕乱瞳，印堂悬针，形如哭容，卧蚕青惨，眼斜射蚕。山根细软，孤峰独耸。有子刑尽，无子送终。

第四十五节　短命之相

神气昏昧，色滞昏惨，青蓝常见，体态过软。背陷深坑，唇短齿深，项软头偏，面急如鼓，面皮虚薄，筋浮脉露，声短音促。口欲言而色先变。言未尽而气先绝。

第四十六节　横死之相

神流露而不收，气色惨淡而昏暗。头额俱尖，发黄而短，面常愁容，颧凸颏削，耳小而外彰，眉逆而直竖。睛转无定光，唇短不掩齿。胸凸腹小。有背无腰。

第四章　女子之相

第一节　厚福之相

头顶圆满，额正丰富。耳长而珠贴肉，目秀而神收藏，颧寿隐起，且有悬壁之势。颐满而润，颏阔而正，眉色清丽，鼻准挺直，人中深长。言语圆和，行坐凝重。

第二节　长寿之相

耳长神静，寿带修长，坐视端正，人中深阔，项颧有势，目神澄澈，黑白分明，语声轻细，圆实坚响，项有双条，腹垂皮宽，年寿丰厚。

第三节　大富之相

耳贴唇厚，手掌红润，面方端正，目美性宽，腮丰颏阔，人中长，仓食满，蚕囊平，六府俱盈，兰尉分明，井灶平，金匮满，酒池平，地阁阔，鹅鸦丰，五霞明，腰圆背厚。

第四节　大贵之相

神清威厚，燕语声和，耳厚额圆发髻乌润，眉秀项长，目神澄清，貌端视正，媚而有威，颧骨隐隐，悬璧端方，人中分明，唇红齿白，骨肉相辅，手指纤长。

第五节　节烈之相

神明净而不收，色和润而有威。眉浓而带秀，目正而不斜。颧骨高耸，鼻准端直，额阔耳厚，颐颊俱宽，行坐端正，不动一尘。望之凛凛然，有令人起畏敬之心。

第六节　贞洁之相

瞻视分明，刚柔有力，颧寿隐显有势。法令深长，目神澄澈，黑白分明，目不斜视，娇而有威，媚而有态，行缓轻步，身正性柔，耳厚额圆，鼻直发疏，声音清向。

第七节　贤淑之相

三停平等，五岳端方。精神静穆，举止端详。额圆明润，鼻直如筒，颐颔丰厚，腰背巍昂，耳轮有城郭，眉长而翠，舌如莲花，齿如榴子，声音幽和，行步祥缓。

第八节　庄重之相

骨格峭峻，神色威严，持重而少媚，瞻视稳而不凡。五岳端厚，四渎深宽，行动稳如平水，坐立重如青山。声音如石中之有韵，气宇如芝兰之芬芳。

第九节　聪明之相

精神清秀，气色祥霭。发黑而细如丝，皮肤滑而凝如脂。眉黛翠如新月，眼光明如鉴水。耳耸过眉，眉长盖目，鼻正颐丰，齿白唇红，手指纤长，指甲尖润。

第十节　温柔之相

男子禀阳为刚，妇女禀阴为柔。是温柔者，妇女之本色也。然温不宜过于媚，柔不宜失之弱。过于媚则流于轻薄，失之弱则陷于夭折。故以中正冲和为贵。

第十一节　娇美之相

头圆额平，骨细皮滑，唇红齿洁，眉长目秀，指纤掌厚，纹细如丝，语小声圆，清如流泉，笑不见媚，口不露齿，行步安祥，坐卧闲雅，神气清和，皮肤香洁。

第十二节　慈爱之相

神色慈祥，气量宽洪，声音幽圆，形貌端和，五官俱正，四肢合度，面常喜而不怒，心常泰而无忧。行多缓而步轻移，其待人接物，则真费之诚，蔼然可掬。

第十三节　宜男之相

欲察妇女之子息，须以口为主，盖口为子星也。故口若樱桃，唇若丹硃，齿若洁玉，眼正神安，血和气深者，定为宜男之相。或腋下乳间生旋毛者，亦主生贵子。凡妇人之有威者，大半产麒麟之儿。

第十四节　多子之相

面如莹玉，眼如明星，人中深广，唇多纹里，口方而小，目藏秀色，腰正背厚，腹圆脐深，血气明旺，肌肉不丰不瘦，乳润而黑。坠而垂下，凡比皆主多子之相。

第十五节　助夫之相

性情宽顺，仪容端正，精神充足，血气润泽，面形圆厚，鼻梁正直，额平而方，发厚眉细，鼻孔圆藏。

坚忍劳瘁。永赓夫唱妇随之乐。同受甘苦。常修举案齐眉之敬。

第十六节　安家之相

骨气磊落，神气温润，五官端厚，瞻视稳平，腰腹圆厚，手足整齐，动静有恒，喜怒有节。平素不与人争竞，苦难中有无怨言。不淫妒，不轻躁，幽闲贞静，妇德堪钦。

第十七节　多情之相

妇女之性柔而静，心细而密，故其情愫，恒较男子为富足。

眉似嚬而非嚬，目欲语而不语，皆所以表示其情也。是妇女以眉纤而翠，目细而长者，必为多情。

第十八节　善终之相

目正神安，气静容舒，髩发如云，眉细如画，齿如莹玉，掌纹秀锦，肉洁骨秀，人中阔深，颐颏丰润，背厚腹圆，口形方正，耳珠长垂，行步徐缓，坐立如山。

第十九节　闺女之相

天真未泯，精神活泼。气色如深春，隐藏而不露。声音如新燕，坚实而有韵。眉毛秀翠而不散竖，唇色红硃，而有收缩，目神深媚，鼻准明润，毛柔皮细，血明肉润。

第二十节　怨偶之相

偶之于怨，非心品不相投合，即容貌不能称心。

良宵静夜，自嗟命薄，以致面常愁容，精色惨昏。眉黛蹙而不舒，眼眶陷而无神。干枯憔悴，是安得有福泽哉。

第二十一节　早嫁之相

女子二十而嫁，古有明训。乃竟有未及其年而嫁之者，其为害甚大。兹姑不论其害，而言其相。发髩高疏，颧起有势，印堂明亮，鼻星透澈，必主早嫁。

第二十二节　迟嫁之相

妇女出嫁之早迟，大抵以鼻为用神。鼻主夫星。须审其透亮不透亮以为断。故鼻低塌不峻，气色昏暗不明，或发髩低压，颧势侵鼻，定至四十而始嫁。

第二十三节　生男之相

妇女之左耳厚者，其第一次受妊必为男胎无疑。至将近临产之期，若眼下三阳火旺。印堂明亮，鼻准圆明，掌心红润，在乾震坎艮宫者，必诞男子。

第二十四节　生女之相

妇女之右耳厚者，其第一次受妊必为女胎无疑。至将近临产之时，若眼下三阴木旺，发现青色，胎背母腹，掌心红紫，在坤巽离兑宫者，必诞女子。

第二十五节　贫穷之相

头尖似獐，耳小如鼠。腿细长似鹤，腰纤弱如蜂。高胸薄背，凸乳骈臀，赤面乌唇，焦牙鬼齿，稀眉秃发，鼻仰斜空，长颈结喉，阔嘴滩唇，酒食无量。

第二十六节　孤单之相

眉厚骨硬，仰面偏颧，形如哭容，额如鸡卵。目长而乏盖。声雄而且破。身粗面黑，蝇面毬头。眼光露而有三角，鼻不正而有钩纹。山根断听，泪堂枯陷。

第二十七节　淫荡之相

尖头反顾，蛇行雀跃，耳反如弓，目神散露，或媚而无态。非刚非柔，五官不正，无日月龙虎角，腰体斜软，笑而不定，掀唇撮口，眉如偃月，眼似桃花，声浮气浅。

第二十八节　凶恶之相

气浊神露，赤目贯睛，浮筋露骨，面肉横生，鼻曲窍仰，或有节骨。目深而棱，额高颈短，喉结齿齙，鸡胸鸭背，三阳肉蠹，遍体粗毛，声破如锣，性急如火。

第二十九节　克夫之相

丑面凸额，眉连而交。鼻上生钩纹，粗浓连眉，目露四白，鼻陷孔露，唇起如龙嘴。耳反而垂，面黄颧高，项薄背薄，遍体硬毛，声雄不和，行如奔马。人中有横纹。

第三十节　克子之相

两援高削，毛发旋螺。眉薄散而交头，眼圆大而壅肉。发不满尺，三阳如墨，面白而薄，耳反下垂，掀唇露齿，乳头白小，脐小浅凸，目下有罗纹，目下有竖纹。

第三十一节　不育之相

妇女之生育，赖乎血气。血气旺则皮润，血气衰则皮肉枯。既衰且枯，何能生育。又有因瘦肥之关系，过瘦则干枯如柴，过肥则脂膏满腹，皆主不育。

第三十二节　难产之相

神气惊闪而不定，声音低散而短促。额角昏如蒙尘，鼻准暗如染埃。面色不华，泪堂暗惨。唇齿不相盖，赤脉贯睛中。三阳三阴，有昏黑之气，缠绕其中。

第三十三节　侧室之相

两眼浮光，面泛桃花，色白如粉，血不华色，肉软如绵，皮滑如油，鼻尖额低，腰细肩垂，眼角低垂，未语先笑，齿洁如玉，唇红不厚，有媚无威，举止轻浮。

第三十四节　娼妓之相

神情如空中之浮云，聚散不一。腰肢如风前之弱柳，摇摆无定。眼带桃花，眉锁柳叶，头额不正，面肉堆浮，或多生斑点，行动生风，举止痴迷，站立偏斜。

第三十五节　多夫之相

头大额大，颧高鼻高，发浓低压，眼如含泪。面有三颧，必招多夫之命。臂上横纹，定是再嫁之身。口大而角垂，耳反而珠张，笑必低头斜视，行必摇手摆脑。

第三十六节　多病之相

面色干黄，印堂昏黑。鼻梁低陷，眼无神光。耳薄而昏，眉淡而散。人中浅狭，口角流涎。精神昏耗，血气衰微。肢体则弱不胜风，言语则一言三停。

第三十七节　短命之相

气短神粗，血衰皮急。身软声弱，肉少骨多。腰斜体柔，眉低压目。人中短浅，两眼无神。两耳黑小，鼻无梁柱。精神泛滥，行立不端。坐卧不安，唇掀齿露，项折背狭。

第三十八节　恶死之相

面横颧凸，容促颈短。目深陷而露四白，鼻低塌而有立纹。髩发黄粗拳短，眉毛竖如尖刀。准头青色如麻，定招奇灾。眼下白气如丝，须防水厄。

第五章　婴孩相法

第一节　俊秀之相

男孩取气旺，女孩取气藏。男孩取目秀，女孩取眉秀。故男孩之目长有威，容貌端正者，可称英俊。女孩之眉，细有彩，额平鼻直者，方许清秀。

第二节　聪慧之相

神足气宽，声清音远。额宽顶平，形厚骨清。发高而柔，鼻峻而直。目长而有神，眉翠而带秀。耳门阔大，耳高于眉。手能自动，睛能旋转。定是聪明之儿。

第三节　大富之相

血火明旺，皮土坚实，肉紧不浮。睛大而有光，项下有双绦，阴囊黑皱，好戏耍而神有馀。啼哭连绵，气宽不绝，声响晓神色不俗。

第四节　大贵之相

额有旋毛，眼有神光。耳门宽阔，眉骨连鼻。唇红如硃，耳硬气厚。学语迟晚，发生至天停。啼时一连三四声不换气。戏玩之时，神情跃活。其神如电，其声如雷。

第五节　长寿之相

枕骨成全，山根丰隆。皮肉红润，皮骨均匀。两目有神，耳大珠垂。啼哭连绵，声响音澈。绀发硃唇，人中深阔。睡眠合口，骨格坚实。神足气旺，阴囊坚黑。

第六节　易育之相

头脑骨连，神足神安，气宽气厚，色藏色秀，骨紫骨青，肉实肉秀，皮宽皮润，发青发翠，眉青眉秀，声清音远，形厚血旺，腹垂背厚，昏江齿莹，鼻直准圆。

第七节　兴家之相

头发齐眉，头皮宽厚。神气充旺，肉色红黑。鼻孔出气，睡眠闭口。鼻高唇红，目秀眉清。耳长大而垂，面红润而丰。啼叫之声，先高大而后洪远。

第八节　显亲之相

耳为孩运，额为幼运。故小儿耳白润而轮廓全，必能显扬父母。头额正而发绀青，定克荣耀双亲。或身绕异香，芬芳满室。或面貌丰彩，神色非凡。皆主显亲。

第九节　愚笨之相

发重而低，头大额小。眉短压目，眼大无光。耳低于眉，阴大如囊。鼻塌陷而无山岳。唇坚厚而不红润。神气呆滞，而不活泼。声音混浊，而不清澈。

第十节　贫贱之相

精神不足，声音不清。容貌卑浊，肢体寒缩。骨粗气浊，掀唇露目。额尖脑空，耳低眉浊。毛发黄粗，鼻准尖薄。眼如黑豆，肉如羊皮。指如技搥，声如破锣。

第十一节　败家之相

神气轻浮而无定，两目圆大而不藏。双眉散乱而逆竖，两耳削小而尖反。头尖如鼠首，鼻曲如鹰嘴。口阔颏削，额狭颐陷，发低皮紧，肩塌背薄，胸高腹小。

第十二节　刑克之相

凡容貌饱满者，必无妨害。削薄定多伤克。故男孩发低压眉，头额尖削，鼻无梁柱，两目深凸。女孩额削背陷，项短发长，眉重目露。皆为刑克之相。

第十三节　多灾之相

气薄睛溷，面大无鼻。声绝复扬，肉重如浮，唇薄如纸。须防周岁难全。

头皮急缩，脚无后根。耳后无根，眼内无肉。腹大腿小，眉散骨散。须防三岁有灾。

头大颈细，两目无神，头尖鼻薄。须防五岁有厄。

疏发稀黄，皮薄筋浮，须防九岁难保。

第十四节　多病之相

疾厄宫居鼻粱之上，即山根年寿之位也。山根丰满者无病，深陷者多疾。年寿明净者康泰，剑脊者凶厄。故验婴孩之病厄，亦以山根年寿为主。山根发青，年寿昏黑，必多病厄。

第十五节　难育之相

皮急筋露，头大项小，神昏气弱，眼大而昏。发稀而黄，鼻无粱骨，孔窍仰露，耳后无根，尖小反掀，唇如纸白。眉散齿早，骨肉柔弱而浮散，啼声断碎而不续。

第十六节　早夭之相

枕骨不成，颤门不合。眼无神光，身有血汗。胎发疏稀，通身轻软。腹小而低，小便如篙。皮急如鼓，气弱如丝。啼声破散，人中浅短。早行早坐，早语早齿。

第六章　相之变化

第一节　见面知心法

传曰：人心之不同，如其面焉。是甚言心之难知也。然而无形之心，每呈露于有形之面，显豁而不自觉。

故君子称心，浑浑然虚怀若谷。小人得志，悻悻然小器易盈。形容乍变，可以测其心机。神气顿改，可以知其隐微。得意事则汪洋阔步，失意事则口吻嘘嗟。神情潇洒，高贤可推。形貌混杂，俗士何疑。行则头偏嘴趱，心必拗执。言则声干韵绝，人定困穷。言词尖刻，是无福无寿之辈。容貌温和，乃可久可大之器。青云之士，貌如奇玉。泉石之客，形若岩松。庙廊无尖头之官，草莽无浊手之儒。听言有情，方为腹心可托。低言平答，必无真意向人。睛明而转，倚马之才可美。肉横而滑，举鼎之力堪夸。胆识过人，其目远视而有力。器宇阔大，其神端正而貌恭。雀步蛇行，眼常偷窥者，断不可与之为侣。豺声狼顾，睛屡闪转者，尤不可与之同行。好说长短，只为唇轻口薄。好勇斗狠，实因眼赤睛黄。眼光闪烁，其人奸巧无伦。发粗低浓，其人愚钝且贫。额塌斜行，穿窬之流。鼻勾下视，刻薄之辈。低首嘿答，阴怀险薄之心。指画大言，尽吐猖狂之膈，眼流如醉，长思花柳之徒，手冷如冰。每多阴人之梦。正色响言，无次序者，有害加人。低眼平语，极柔软者，有求于人。器度轩昂，必有果敢之勇。作事逡巡，定无刚直之性。富豪骄状，常仰首拂髭以夸口。贫贱谄态，每低头下气以向人。

是以贪心动则津生，悲心动则泪生。愧心动则汗生，恶心动则气生。淫心动则阳生，快心动则神生。欲心动则精生，恐心动则溺生。萌诸内必形诸外，观夫显即知夫隐。又乌得掩其毫末哉。

第二节　趋吉避凶法

地有东西南北之分界，人有五行五色之定局。如水形者遭难，宜往东方可脱。火多金难，宜往北方始安。水弱土多，须往西方以助其根本。火来克金，宜往水地金来克木，宜往南方。一面水色，宜行火地。一面木色，急去南方。此盖循五行相克之理，以定趋避之方。遇相生者吉，遇相克者凶。

第三节　铸形换骨法

古有铸形换骨，去伪育真之说。殆即吾师所谓有心无相，相随心生，有相无心，相逐心灭者也。盖相有更变，心之所向，而相从之以变。

骨格，齿牙，精神，情性，易变也。纹痣，瘢痕，皮肤，须发，尤易变也。骨格之变，在于头、脑、额、顶、鼻、颧不无尖削缺陷之骨。尖削者，或变为圆，为方，为峻耸。缺陷者，或变为隆，为满。充隆者，或变为缺陷。鼻骨而中年起节，岂非变欤。齿牙之变，或变为疏漏，或变为缺落，或变为重生，岂非变欤。精神之变，骨气寒酸，而变为凛凛。形体过软，而变为森森。先无须而后有须，壮精神而助严威。其眼目由少而壮，而老，精华渐减。睛光自消，岂非变欤。性情之变，偏僻而变为通达，躁急而变为和顺。壮且性减，老愈性刚，岂非变欤。纹痣瘢痕之变，或有而变为无，或无而变为有，生长消缩，不时而见，岂非变欤。皮肤之变，秀嫩而变粗涩者极多，粗涩而变秀嫩者则少，倘有犯天罗五星之色者，岂非变欤。须发之变黑而为白，白而为黑，为黄，为赤，有而变无，无而变有，粗而变秀，硬而变软，岂非变欤。其恶而变善者，则事事称心。善而变恶者，则事事蹭蹬。要皆由人品之善恶，而变其形也。噫！人何不慎其所变哉。

第四节　晦气去除法

气有善祥，有凶恶。有忠正，有奸邪。有侠有秀，有杀有浊。在于喜怒中采之，患难中采之，得意时采之，失意时采之。虽隐微暗昧之事，郁郁蒽蒽，浮于枝干之表，可预见其肺腑者也。盖相从心生，心之见于外者为气。言语行事，或可掩饰，而神气则万万不可掩。苟惑于心，先见于气，相气即所以论心也。然则人不欲去除晦气，则亦已矣。借欲除之，先从心始。心地善祥，则气善祥。心地凶恶，则气凶恶。心地忠正，则气忠正。心地奸邪，则气奸邪。心义则气侠，心良则气秀，心毒则气杀，心昏则气浊。如影随行，如响斯应，未之或爽。凶恶也，奸邪也，杀也，浊也，所谓晦气，是也。若夫善祥忠正，侠而且秀，则晦气又何自生耶。

第五节　辨人品性情法

拟玄黄之覆载，扬明并以表微，文彪昺而备体，独澄见以入神者，圣也。禀高亮之纯粹，抗峻标以邈俗，虚灵机以如愚，不二过以谄黩者，贤也。尽烝尝于故亡，保发肤以扬名者，孝也。垂恻隐于有生，恒恕己以接物者，仁也。端身命以殉国，经险难而一节者，忠也。量理乱以卷舒，审去就以保身者，智也。顺通塞而一情，任性命而不滞者，达也。不枉尺以直寻，不降辱以苟命者，雅也。体冰霜之粹素，而不累于势利者，清也。笃终始于寒暑，虽存亡而不猜者，义也。守一言于久要，历盛衰而不渝者，信也。识多藏之厚亡，临禄利而不遗者，廉也。不苟操于得失，不容心于可欲者，贞也。皎洁分以守真，不逊避而苟免者，节也。飞清机之英丽，言约畅而判滞者，辩也。每居卑而推功，虽处泰而滋恭者，谦也。赴白刃而亡身，格兕虎于林谷者，勇也。凌强御而无惮，虽险逼而不沮者，黠也。执匪懈于夙夜，忘劳瘁于深峻者，勤也。知事可而必行，不犹豫于群疑者，果也。奉礼度以战争，及亲疏而无尤者，良也。履道素而无欲，时难移而不变者，朴也。

不致养于所生，损道而忘身者，悖也。怀邪伪以偷荣，豫利己而忘身者，逆也。背仁养之正途，每危人以自安者，凶也。好争夺而无厌，专丑正而害直者，恶也。出绳墨以伤刻，心好杀而安忍者，虐也。饰邪说以浸润，构谤累于忠贞者，谗也。虽言巧而行违，实履浊而假清者，佞也。不原本于枉直，徒好胜而肆怒者，暴也。措细善以取信，阴挟毒而无亲者，奸也。承风旨以苟容，揆主意而扶非者，谄也。

言不厌夫反覆，好轻诺而无实者，虚也。觍利地而忘养，弃廉耻以苟得者，贪也。见豔质而心荡，饬绔绮以行邪者，淫也。履蹊径以侥倖，推货贿以争津者，邪也。被抑枉而自诬，事无苦而震慑者，怯也。闇事宜之可否，虽企慕而不及者，顽也。重财利而轻义见，困匮而不赈者，吝也。

第六节　办贫富不常法

富贵论其眉目，贫贱验其颐颏。听其言，察其神。审其部位，观其运限。譬如见富相，必须察其有贫相否。富相少而贫多，其人发言，必先琅琅而后低弱，对人先有神而后消缩，此先富后贫者。见贫相，亦须其察有富相否。贫相少而富相多，其人出言，必先低弱而后琅琅，对人先无神，而后有神，此始贫终富者。且有贫而致富，未久而复贫者，盖其人本贫困之相，偶得不义之财。而财帛宫亦现黄色，若其部位运限，尚称平稳，或得多享数载，否则财必不克保矣。

第七节　辨术人流业法

医卜星命丹青之流，其眼必秀，其手必清，其神必静，其气必和。操堪舆者，神必微露，额必浮黑，手必软，指必尖，足长者多。擅风鉴者，胸罗万象，心澈宝镜，目光明，方能洞人之心。神气足，方能鉴人之神。至嗜好琴棋者，眼必秀丽，手必清雅，其静也如渊水，其和也似秋花。若夫庸庸碌碌，何足道哉。

第八节　辨妇女妍媸法

有威，有媚，有态，精神端肃，声音清澈，坐视平正，乃得纯阴冲和之象，此可敬者也。精神凛烈，举止温柔，腰肥背厚，面方印宽，声清颐重，有肃然而不可犯之意，此可重也。多媚态无威严，视人注睛，脸常含笑，多风流之态，此可喜者也。

行若蛇，坐侧斜，语痴笑，意情奢，此可轻者也。声杀，面横，头阔，颧肿，此可怕者也。三颧之面，丈夫之声，此可恐者也。丑者，陋者，怪者，臭者，硬者，此可恶者也。螺者，纹者，鼓者，角者，脉者，此可骇者也。

管辂神相秘传终